한국어문회 · 한국한자한문능력개발원 · 한국한자교육연구회 시행 검정 대비

초등한자

150字

7 · 8급 대상한자

한국두뇌개발한자교육원 편저

since1973 도서출판 +iT
성안당.com
www.cyber.co.kr / www.sungandang.com

한자를 배우는 목적은 바로 국어 생활입니다. 초등학생들에게는 한자 공부에 앞서 한글을 정확히 익히는 것이 더더욱 중요합니다.

한자를 왜 공부해야 되나요?
어려운 한자는 왜 만들었어요?

학년이 높을수록 공부하기도 전에 무조건 싫어하는 예가 있고, 한자를 제일 어려운 외국어라고만 생각하는 학생들이 많이 있습니다. 한자는 중국에서 유래(由來)되었지만 외국어라고 하기보다는, 한글과 같이 쓰이면서 꼭 필요한 글자가 된 것입니다.

초등학교 저학년 시기에 한자를 익히면 한글의 낱말풀이를 쉽게 이해할 수 있어, 한글의 맞춤법 공부 및 독서능력 향상에 큰 도움이 된다고 일러 주고 싶습니다.

이 책은 한글을 알면 누구나 공부할 수 있도록 꾸몄습니다. 그리고 초등학생을 비롯하여 한자 공부를 처음 시작하는 학생들 및 일반인을 위하여 만들었습니다. 최대한 쉽게, 빠르게, 오래도록 기억하기 위하여 정성을 아끼지 않았습니다.

자격증 시대에, 한자 급수 시험에 응시하는 것이 학생들에게는 빠른 속도로 한자를 익히는 좋은 기회입니다. 세계화, 정보화 시대에 중요한 기본 공부입니다.

쉽고, 재미있게, 빠르게 공부해 보세요! 이 책은 커다란 세계를 이끌어갈 주인이 되는 지식의 밑거름이 될 것입니다.

지은이

이 책의 구성과 특징

  한자는 형태와 소리, 뜻이 있기 때문에 어렵드라도 쓰면서 기억하면 정서적으로 지식 습득면에서 효율적입니다. 그래서 매일 5 字씩 30 일 정도면 150 자를 익힐 수 있도록 구성하였습니다.

① 부수 한자 214 字를 초급 과정부터 정확히 익히면 어려운 단계의 한자 공부도 쉽게 따라 갈 수 있습니다. 부수 한자는 150 자 이내로 활용 한자를 넣었고 상위 급수는 표시를 하였습니다.

② 한자의 훈(訓)과 음(音)을 쉽고 재미있게 기억하는 방법을 택하였습니다.

③ 7 · 8급에 해당하는 낱말(단어) · 숙어(고사성어) 등 다양하게 독음 훈련 위주로 최대한 수록하였습니다.

한자 공부는 국어 사랑입니다.

한자를 쓰면서 한글도 정확히 쓰는 연습을 합시다!

※ 한자 공부하기 전에 나의 이름을 한자로 써 봅시다.

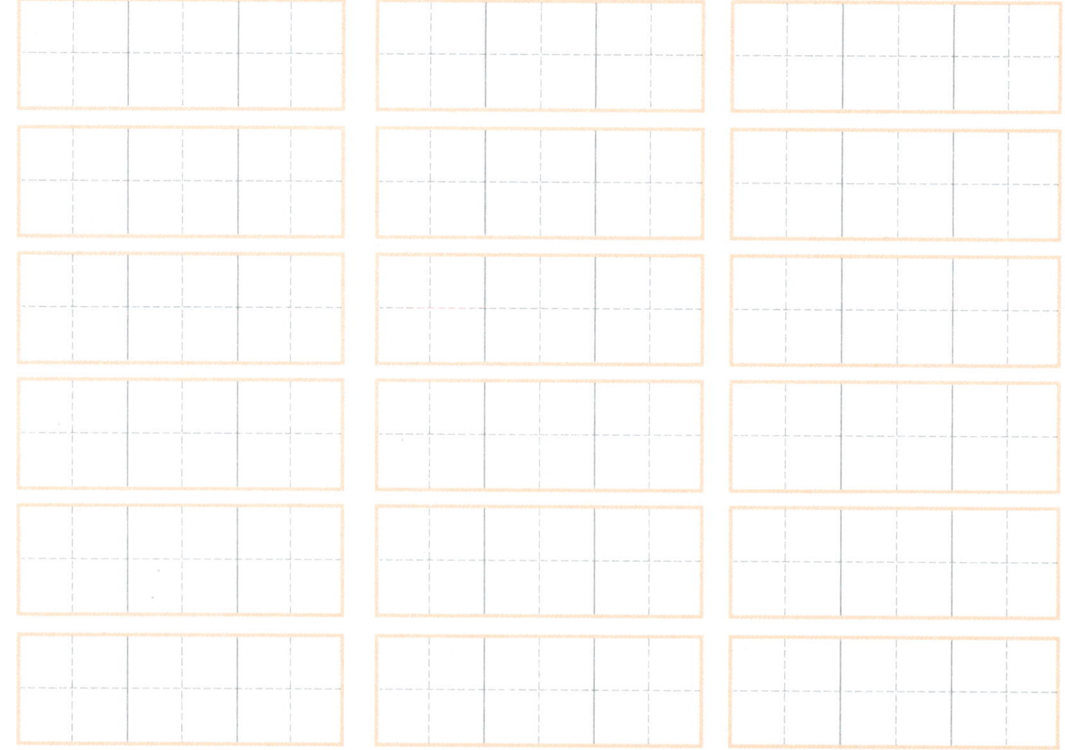

한자능력검정시험 급수 배정

급수	수준 및 특성	대상 기준
8급	읽기 50 자, 쓰기 없음. 유치원생이나 초등학생의 학습 동기 부여를 위한 급수	초등학교 1
7급	읽기 150 자, 쓰기 없음. 한자 공부를 처음 시작하는 분을 위한 초급 단계	초등학교 2
6급Ⅱ	읽기 300 자, 쓰기 50 자 한자 쓰기를 시작하는 첫 급수	초등학교 3
6급	읽기 300 자, 쓰기150 자 기초 한자 쓰기를 시작하는 급수	초등학교 3
5급	읽기500자,쓰기300자 학습용 한자쓰기를 시작하는 급수	초등학교 4
4급Ⅱ	읽기 750 자, 쓰기 400 자 5급과 4급의 격차를 해소하기 위한 급수	초등학교 5
4급	읽기 1,000 자, 쓰기 500 자 초급에서 중급으로 올라가는 급수	초등학교 6
3급Ⅱ	읽기 1,400 자, 쓰기 750 자 4급과 3급의 격차를 해소하기 위한 급수	중학생
3급	읽기 1,807 자, 쓰기 1,000 자 신문 또는 일반 교양서를 읽을 수 있는 수준	고등학생
2급	읽기 2,350 자, 쓰기 1,807 자 일상 한자어를 구사할 수 있는 수준	대학생 · 일반
1급	읽기 3,500자, 쓰기 2,000자 국한혼용고전을 불편 없이 읽고,공부할 수 있는 수준	전문가 · 일반교양

즐거운 학교 생활

校訓(교훈)

바르게
튼튼하게
슬기롭게

太極旗
(태극기)

時計(시계)

校木(교목)
−느티나무

校長
(교장)선생님

校監
(교감)선생님

運動場
(운동장)

校花(교화)
−개나리

校門(교문)

登校(등교)

※ 한자어(漢字語)를 공부해 보세요.

· 우리 학교의 校訓(교훈)을 교장 선생님이 설명하셨습니다.(가르칠 **훈**)

· 선생님께서 教室(교실)에서 한자를 가르치십니다.

· 우리 반 班長(반장)은 한자 경시 대회에서 賞狀(상장)을 받았습니다.
  (나눌 **반**, 상줄 **상**, 문서 **장**)

· 校訓(교훈)은 학교의 교육 목표를 간단히 나타낸 표어입니다.(가르칠 **훈**)

· 校木(교목)은 학교를 상징하는 나무입니다.

· 校花(교화)는 학교를 상징하는 꽃입니다.

· 教師(교사)는 학생을 가르치고 돌보는 선생님입니다.(스승 **사**)

· 級友(급우)는 같은 학급의 친구들을 말합니다.(등급 **급**, 벗 **우**)

· 太極旗(태극기)는 우리 나라를 상징하는 국기입니다.(클 **태**, 다할 **극**, 기 **기**)

· 학교를 상징하는 校旗(교기)도 있습니다.

· 校庭(교정)은 학교의 뜰이나 운동장을 말합니다.(뜰 **정**)

· 교장 선생님 다음으로 학교를 감독하시는 校監(교감)선생님이 계십니다.(볼 **감**)

· 나는 7番(번)입니다.(차례 **번**)

· 우리 학교 이름은 대한初等(초등)학교입니다.(처음 **초**, 무리 **등**)

· 時計(시계)는 시간을 알려 줘서 참 편리합니다.(셀 **계**)

한자능력검정시험 출제 유형

구분	1급	2급	3급	3급Ⅱ	4급	4급Ⅱ	5급	6급	6급Ⅱ	7급	8급
읽기 배정 한자	3,500	2,350	1,807	1,400	1,000	750	500	300	300	150	50
쓰기 배정 한자	2,000	1,807	1,000	750	500	400	300	150	50	0	0
독음(讀音)	50	45	45	45	30	35	35	33	32	32	25
훈음(訓音)	32	27	27	27	22	22	24	23	30	30	25
장단음(長短音)	10	5	5	5	5	0	0	0	0	0	0
반의어(反義語)	10	10	10	10	3	3	4	4	3	3	0
완성형(完成型)	15	10	10	10	5	5	5	4	3	3	0
부수(部首)	10	5	5	5	3	3	0	0	0	0	0
동의어(同義語)	10	5	5	5	3	3	3	2	0	0	0
동음이의어(同音異義語)	10	5	5	5	3	3	3	2	0	0	0
뜻풀이	10	5	5	5	3	3	3	2	2	2	0
약자(略字)	3	3	3	3	3	3	3	0	0	0	0
한자쓰기	40	30	30	30	20	20	20	20	10	0	0

* 쓰기 배정 한자는 한두 급수 아래의 읽기 배정 한자이거나 그 범위 내에 있음.

* 출제 기준은 출제자의 의도에 따라서 차이가 있을 수 있음.

* 위 내용은 (사)한국어문회 기준으로 하였으며, 타 단체와 조금씩 차이가 있습니다.

한자능력검정시험 시험 시간

구 분	1급	2급	3급	3급Ⅱ	4급	4급Ⅱ	5급	6급	6급Ⅱ	7급	8급
시험시간	90분	60분					50분				

한자능력검정시험 합격 기준

구 분	1급	2급	3급	3급Ⅱ	4급	4급Ⅱ	5급	6급	6급Ⅱ	7급	8급
출제 문항 수	200	150	150	150	100	100	100	90	80	70	50
합격 문항 수	160	105	105	105	70	70	70	63	56	49	35

* 1급은 출제 문항 수의 80 % 이상, 2급~8급은 70 % 이상 득점하면 합격임.

차례

머리말 ·· iii

이 책의 구성과 특징 ·· iv

시험 정보 ··· v

1. 한자 공부를 위한 기본 학습

1. 한자 구성-육서(六書) ··· 2

2. 한자의 필순(筆順) – 한자쓰기의 바른 순서 ····················· 3

3. 한자 자전(字典) 찾기 ··· 4

4. 한자 부수(部首)의 위치 ·· 5

2. 부수한자(部首漢字) 214 字 ···································· 7

3. 7 · 8급 배정 한자 150 字 한자풀이 · 따라쓰기 ··········· 23

4. 책 속의 국어 사전(國語辭典) ································ 85

5. 한자 급수 대비 요약 정리

1. 반의어(反義語) ·· 120

2. 동의어(同義語) ·· 121

3. 동음이의어(同音異義語) ··· 121

4. 고사성어(古事成語) ··· 124

5. 두음법칙(頭音法則) ··· 125

6. 약자(略字) ·· 126

7. 어려운 부수(部首) ·· 127

 차례

부록

테스트해 보세요! 7급 시험 및 답안지 ···128

테스트해 보세요! 8급 시험 및 답안지 ···132

테스트해 보세요! 7급 및 8급 정답 ···136

제22회 한자능력검정시험 7급 문제 ···137

제22회 한자능력검정시험 8급 문제 ···140

제22회 한자능력검정시험 7급 및 8급 정답 ·······································143

훈련 기억 카드 A, B (한자능력검정 7 · 8급 배정 한자 150 자) ···············145

1. 한자 공부를 위한 기본 학습

1 한자구성 - 육서(六書)

2 한자의 필순(筆順) - 한자쓰기의 바른순서

3 한자 자전(字典)찾기

4 부수의 위치

1 한자 구성(六書)

한자는 모양, 소리, 뜻 3가지 요소로 만들어졌으며, 다음의 육서(六書)는 한자가 만들어진 원리, 원칙이며 한자를 익히는 데 기본이 되므로 꼭 알아 두어야 한다.

예 모양　　　　· · ·　一
　　소리(音:음) · · ·　일　　　　뜻(訓: 훈) · · ·　한(하나)

1 **상형 문자**(象形文字) – 코끼리 **상**, 모양 **형**, 글월 **문**, 글자 **자**

구체적인 사물의 모양을 본떠서 만든 글자.

예 ▲ → 山(메 산)　　　〰 → 川(내 천)

2 **지사 문자**(指事文字) – 가리킬 **지**, 일 **사**, 글월 **문**, 글자 **자**

생각이나 뜻 등 추상적인 개념을 나타낸 글자.

예 • → 上(위 상)　　　• → 下(아래 하)

3 **회의 문자**(會意文字) – 모을 **회**, 뜻 **의**, 글월 **문**, 글자 **자**

위의 상형 문자나 지사 문자 등 이미 만들어진 글자를 합하여 만든 글자.

예 日(날 일)＋月(달 월)＝明(밝을 명)
　　木(나무 목)＋木(나무 목)＝林(수풀 림)

4 **형성 문자**(形聲文字) – 모양 **형**, 소리 **성**, 글월 **문**, 글자 **자**

뜻을 나타내는 부분과 음(音)을 나타내는 부분으로 결합하여 만들어진 글자.

예 木(나무 목)＋寸(마디 촌)＝村(마을 촌)
　　　 뜻　　　　　음

5 **가차 문자**(假借文字) – 거짓 **가**, 빌 **차**, 글월 **문**, 글자 **자**

글자의 뜻에 상관 없이 음만 빌어서 쓰는 문자.

예 Asia ＝ 아세아(亞細亞) – 버금 아, 가늘 세
　　France ＝ 불란서(佛蘭西) – 부처 불, 난초 란, 서녘 서

6 **전주 문자**(轉注文字) – 구를 **전**, 부을 **주**, 글월 **문**, 글자 **자**

하나의 글자가 쓰임에 따라 훈과 음이 다르게 쓰이는 문자.

예 樂 1. 즐길 락 娛樂 : 오락　　　2. 노래 악 音樂 : 음악
　　　3. 좋아할 요 樂山樂水 : 요산요수

2 한자의 필순(筆順) – 한자쓰기의 바른 순서

국어 사랑 기초 초등 漢字 150字

1 위에서 아래로 쓴다.

예 三(석 삼) : 一 → 二 → 三

2 왼쪽에서 오른쪽으로 쓴다.

예 川(내 천) : 丿 → 刂 → 川

3 가로획을 먼저 쓴다.

예 十(열 십) : 一 → 十

4 세로획을 먼저 쓴다.

예 日(날 일) : 丨 → 冂 → 日 → 日

5 바깥부분을 먼저 쓴다.

예 火(불 화) : 丶 → 丷 → 丬 → 火

6 가운데를 먼저 쓴다.

예 水(물 수) : 亅 → 기 → 才 → 水

7 삐침(丿)을 파임(乀)보다 먼저 쓴다.

예 父(아비 부) : 丿 → 八 → 分 → 父

8 꿰뚫는 세로획은 맨 마지막에 쓴다.

예 中(가운데 중) : 丨 → 口 → 口 → 中

※ 필순이 틀리기 쉬운 한자들을 기억하자.

예

九(아홉 구) : 丿 → 九   力(힘 력) : 刁 → 力

生(날 생) : 丿 → 仁 → 牛 → 牛 → 生   上(위 상) : 丨 → 卜 → 上

方(모 방) : 丶 → 亠 → 亍 → 方   北(북녘 북) : 丨 → 컥 → 刲 → 北

出(날 출) : 丨 → 屮 → 屮 → 齿 → 出   世(인간 세) : 一 → 十 → 卅 → 世

3 한자 자전(字典) 찾기

한자의 수(數)는 몇 천 자에서 몇 만 자에 이른다. 많은 한자를 모두 다 기억하기 어렵다. 자전(字典) 찾는 방법을 익히면 모르는 글자를 찾을 때 도움이 된다.

부수는 독립적 문자이므로 다른 부수와 더해져 새로운 글자를 만든다. 영어의 알파벳을 알면 모르는 단어를 영어 사전에서 찾을 수 있듯이, 한자 부수도 한자 자전에서 글자를 찾을 때 쓰도록 해 놓은 것이다.

예 時(때 시) **방법 1.** 부수로 찾기 – 日(날일변) 부수, 6획

　　방법 2.　음으로 찾기 – 때 시

　　방법 3.　총 획수로 찾기 – 10획

1 부수로 찾기

▶ 찾고자 하는 한자의 부수를 알아 낸다.

▶ 부수 색인표를 통해 쪽수를 확인한다.

▶ 부수의 획순을 세어 그 글자를 찾는다.

2 한자의 음을 이용해서 찾는다.

가나다순으로 찾는다.

3 한자의 총 획수를 이용해서 찾는다.

총획 색인에서 해당 한자를 찾는다.

字典(자전)이란?

한자를 모아 일정한 순서로 배열하고 각 글자의 소리[音], 뜻[訓], 한자의 구성 원리 따위를 해설한 책. 한자 사전. 옥편(玉篇).

4 부수의 위치

부수는 왜 있는가?

수많은 한자를 어떤 공통된 기준에 따라 분류한 것이다.

부수는 자전(字典) 찾기에 기준이 되며, 글자의 뜻에 영향을 준다. 한자의 부수는 모두 214 字가 있는데, 어느 위치에 놓이는가에 따라 다음과 같이 분류할 수 있다.

(1) 변 : 글자의 왼쪽에 위치

예 氵(삼수변) : 江(강 강)

(2) 방 : 글자의 오른쪽에 위치

예 刂(칼도방) : 前(앞 전)

(3) 머리 : 글자의 위쪽에 위치

예 宀 (갓머리) : 安(편안 안)

(4) 발 : 글자의 아래쪽에 위치

예 儿 (어진사람인) : 兄(형 형)

(5) 엄 : 글자의 위쪽과 왼쪽을 덮고 있는 위치

예 厂 (엄호) : 庭(뜰 정)

(6) 받침 : 글자의 왼쪽과 아래쪽을 덮고 있는 위치

예 辶 (책받침) : 道(길 도)

(7) 몸(에운담) : 글자의 바깥둘레를 에워싸고 있는 부수

예 囗 (큰입구몸) : 國(나라 국)

(8) 제부수 : 글자 자체가 부수로 쓰이는 글자

예 木 (나무 목) : 木 (나무 목)

東(동)西(서)南(남)北(북), 방향을 공부합시다!

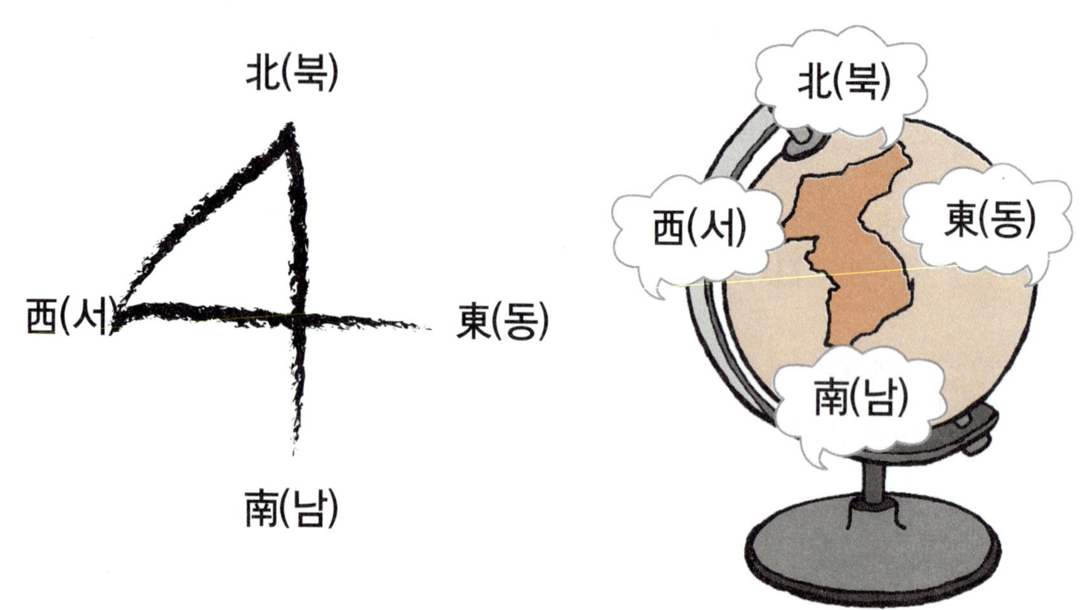

우리나라 東(　　　)쪽과 西(　　　)쪽 그리고 南(　　　)쪽에는 바다
가 있습니다.

그러나 北(　　　)쪽에는 북한이 있습니다.

2. 부수 한자

(部首漢字)

1 부수 한자(部首 漢字)

한자의 부수 214 字를 시험 준비에 따라서 쉽게 훈(訓)과 음(音)으로 정리했으며, 7 · 8급 150 자(字) 배정 한자 중심으로 한자를 [예]로 나열하였다.

1획 부수 한자	훈 음		뜻	활용 한자
一	한	일	하나, 모우다, 크다, 많다, 첫째, 온통	七, 三, 上 不, 世, 下
丨	뚫을	곤	이어 주다, 뚫다, 막대기, 위아래로 통하다, 세우다	中
丶	점	주	점, 등불, 심지, 점찍다	主
丿	삐칠	별	삐치다	之 (갈 지) 3급
乙	새	을	새, 꼬리, 구부러지다	九, 乙(새 을) 3급
亅	갈고리	궐	굽다, 갈고리	事

2획 부수 한자	훈 음		뜻	활용 한자
二	두	이	둘, 다음, 거듭, 둘째	五
亠	머리부분	두	높다, 머리 부분, 위, 꼭대기	亥(사귈 교) 6급
人(亻)	사람	인	사람	來, 住, 休
儿	어진사람	인	걷는 사람, 어질다, 발	兄, 先
入	들	입	들어가다, 들다, 넣다	內, 全
八	여덟	팔	나누다, 여덟	六

부수 한자	훈 음		뜻	활용 한자
冂	멀	경	멀다, 바다, 들판, 문, 비다, 경계	册(책 책) 4급 再(두 재) 5급
冖	덮을	멱	덮다, 어둡다	冠(갓 관) 3급
冫	얼음	빙	얼음, 차갑다	冬
几	안석	궤	책상, 나무	机(책상 궤) 1급 凡(무릇 범) 3급
凵	입벌릴	감	위가 벌어짐, 그릇	出
刀(刂)	칼	도	칼, 무기	前, 刀(칼 도) 3급
力	힘	력	힘, 힘들이다	動
勹	쌀	포	싸다, 굽히다	包(쌀 포) 4급
匕	비수	비	날카롭다, 숟가락	北, 匕(비수 비) 1급
匚	상자	방	상자, 모난그릇	匠(장인 장) 1급
匸	감출	혜	감추다, 덮다	區(구분할 구) 6급
十	열	십	많다, 열, 방향	午, 南, 千
卜	점	복	점치다, 갈라지다	占(점칠 점) 4급 卜(점 복) 3급
卩(㔾)	병부	절	벼슬, 무릎마디, 병부, 발	印(도장 인) 5급
厂	언덕	한	언덕, 집, 덮다, 굴바위	原(언덕 원) 5급
厶	사사	사	사사롭다, 크다, 나	去(갈 거) 5급

부수 한자	훈 음	뜻	활용 한자
又	또　우	손, 들어오다, 또, 다시, 오른손	又(또 우) 3급 友(벗 우) 5급
口	입　구	사람입, 말하다, 입, 먹다	右, 同, 名, 問
囗	(큰 입구 몸) 나라　국	에워싸다, 나라, 큰 입구, 나라(國)	國, 四
土	흙　토	흙, 땅	地, 場
士	선비　사	선비, 남자, 군사, 직업 이름 아래 붙이는 말	士(선비 사) 5급 壯(장할 장) 4급
夂	뒤져올　치	끌다, 뒤져오다, 뒤따라오다	夆 (만날 봉)
夊	천천히 걸을　쇠	천천히 걷다, 편안히 걷다	夏
夕	저녁　석	저녁, 쏠리다, 기울다	外
大	큰　대	크다, 길다, 많다, 대강, 대개	夫, 天
女	계집　녀	여자, 즐겁다, 딸	姓
子	아들　자	아들, 자식, 첫째 지지(쥐띠), 경칭(예 군자, 공자)	字, 學, 孝
宀	집　면	집, 머리, 지붕	安, 家, 室
寸	마디　촌	헤아리다, 마디, 법도, 짧은 길이, 촌수	寺(절 사) 4급
小	작을　소	작다	少
尢(尣)	절름발이　왕	절름발이	就(나아갈 취) 4급
尸	주검　시	주검, 사람, 지붕, 주장하다	居(살 거) 4급

3획

부수 한자	훈 음		뜻	활용 한자
屮	왼손 싹날	좌 철	왼손, 싹나다, 다스리다	屯(진칠 둔) 2급
山	메	산	산, 지형, 산신, 무덤	島(섬 도) 5급
川(巛)	내	천	냇물, 개천, 내	州(고을 주) 5급
工	장인	공	만들다, 도구, 물건을 만드는 사람	左
己	몸	기	몸, 자기, 여섯째 천간 (己未年:기미년).	己(몸 기) 5급 巷(거리 항) 3급
巾	수건	건	수건, 천, 재물, 두건	市
干	방패	간	막다, 간여하다, 방패, 바라다, 썰물, 약간	年, 平, 干(방패 간) 4급
幺	작을	요	작다	幼(어릴 유) 3급
广	집	엄	집, 장소, 덮다	店(가게 점) 5급
廴	끌	인	당기다, 길게 걷다, 천천히 간다	建(세울 건) 5급
廾	팔짱낄	공	들다, 두손으로 받들다	弄(희롱할 롱) 3급
弋	주살	익	주살(실을 단 화살로 새를 잡는 기구)	式(법 식) 6급
弓	활	궁	활(몸이), 굽다	弟
彐(彑)	돼지머리	계	돼지머리, 고슴도치 머리	彗(비 혜) 1급
彡	터럭	삼	털 모양, 긴 머리	形(모양 형) 6급
彳	자축거릴	척	간다, 여러 사람이 간다 행하다, 이동하다, 조금 걷다	後

부수 한자	훈 음		뜻	활용 한자
犬(犭)	개	견	개, 네발짐승, 안 좋은 뜻으로 쓰임	犬(개 견) 4급 狗(개 구) 3급
阝(邑)	고을 (우부방)	읍	고을, 글자 우측에 쓰임(邑)	郡(고을 군) 6급
阝(阜)	언덕 (좌부변)	부	언덕, 글자 좌측에 쓰임(阜)	防(막을 방) 4급

4획 부수 한자	훈 음		뜻	활용 한자
心(忄)	마음 (심방변)	심	마음, 중심, 심장, 생각, 감정	性(성품 성) 5급 思(생각 사) 5급
戈	창	과	창, 무기, 전쟁	成(이룰 성) 6급 戈(창 과) 3급
戸	지게	호	구멍, 외짝문, 지게문, 출입문	所, 戸(집 호) 4급
手(扌)	손 (재방변)	수	손, 솜씨, 수단	技(재주 기) 5급
支	지탱할	지	지탱하다, 갈려나다, 내어 주다, 때리다	支(지탱할 지) 4급
攴(攵)	칠	복	두드리다, 둥글다, 힘쓰다, 치다, 회초리로 때리다	敎
文	글월	문	문서, 무늬, 글, 글월, 책	斑(얼룩질 반) 1급
斗	말	두	말(용량), 우뚝 솟다, 별 이름(북두칠성)	斗(말 두) 4급 料(헤아릴 료) 6급
斤	도끼	근	도끼, 무게의 단위, 끊다, 베다, 무기	新(새 신) 6급
方	모	방	방향, 곳, 방법, 범위	旗
无(旡)	없을	무	아무것도 없음	旣(이미 기) 3급

부수 한자	훈 음		뜻	활용 한자
日	날	일	날, 해, 시간, 낮	時, 春
曰	가로	왈	가로되, 말하다	書(글 서) 6급 曰(가로 왈) 3급
月	달	월	세월, 뜨는 달, 한 달	有
木	나무	목	나무	校, 東, 林 植, 村
欠	하품	흠	입벌리다, 하품	歌, 欠(하품 흠) 1급
止	그칠	지	그치다, 발, 머무르다	正, 止(그칠 지) 5급
歹	살발린뼈	알	뼈, 시체, 죽다	死(죽을 사) 6급
殳	창	수	몽둥이, 창, 치다, 날 없는 창	殺(죽일 살, 감할 쇄) 4급
毋	말	무	말라, 없다, 부정과 금지를 나타냄	每, 毋(말 무) 1급
比	견줄	비	견주다, 비교하다, 나란히 하다, 비슷하다	毖(삼갈 비) 2급 比(견줄 비) 5급
毛	터럭	모	털, 풀 자라다, 가늘다	毫(터럭 호) 3급 毛(터럭 모) 4급
氏	성씨 각시	씨 씨	각시, 성씨, 나라 이름 지	民, 氏(각시 씨) 4급
气	기운	기	구름, 기운, 구하다. 빌 걸(乞)	氣
水(氵)	물 (삼수변)	수	물, 고르다	江, 氷(얼음 빙) 5급 活, 海, 漢
火(灬)	불	화	불, 열기, 강하다	然, 災(재앙 재) 5급
爪(爫)	손톱	조	다투다, 손톱, 할퀴다	爭(다툴 쟁) 5급 爪(손톱 조) 1급

부수 한자	훈 음	뜻	활용 한자
父	아비 부	가장, 아버지	爺(아비 야) 1급
爻	효 효	점괘, 사귀다	爽(시원할 상) 1급 爻(효 효) 1급
爿	나무조각 장	조각	牆(담 장) 3급
片	조각 편	조각, 쪼개다, 한쪽, 아주 작다	版(판목 판) 3급
牙	어금니 아	짐승의 어금니, 송곳니, 무기	牙(어금니 아) 3급
牛	소 우	소, 별 이름(견우직녀)	物
犬(犭)	개 견 (개사슴록변)	사납다, 짐승, 개	狀(문서 장, 형상 상) 4급
玄	검을 현	검다, 아득하다, 4대손(현손), 무덤	率(거느릴 솔, 비율 률) 3급
玉	구슬 옥	구슬, 임금	班(나눌 반) 6급
瓜	외 과 (참외, 오이)	오이, 참외, 수박, 호박	瓢(표주박 표) 3급
瓦	기와 와	기와, 질그릇, 벽돌	瓦(기와 와) 3급 甕(독 옹) 2급
甘	달 감	달다, 맛 좋다	甚(심할 심) 3급
生	날 생	낳다, 생기다, 사람	産(낳을 산) 5급
用	쓸 용	쓰다, 사용하다	甫(클 보) 2급
田	밭 전	밭, 땅	男
疒	병들어 기댈 녁	병, 아프다	病(병 병) 6급

부수 한자	훈 음		뜻	활용 한자
癶	어그러질	발	피어오르다, 일어나다, 걷다, 가다	登
白	흰	백	깨끗하다, 희다, 밝다, 맑다, 아뢰다	百
皮	가죽	피	가죽, 껍질, 겉, 거죽	皮(가죽 피) 4급
皿	그릇	명	그릇	益(더할 익) 4급
目(罒)	눈	목	눈, 보다, 제목, 우두머리, 목표	直
矛	창	모	창, 전쟁, 무기, 자루가 긴 창	矜(자랑할 긍) 1급
矢	화살	시	화살, 벌여 놓다, 맹세하다	短(짧을 단) 6급
石	돌	석	돌, 돌맹이, 돌로 만든 악기, 비석	硏(갈 연) 4급
示(礻)	보일	시	보이다, 제사, 귀신, 지시하다	祖
禸	발자국	유	발자국, 짐승 발자국	禽(새 금) 3급
禾	벼	화	벼, 곡식	秋, 禾(벼 화) 3급
穴	구멍	혈	구멍, 굴, 구덩이	空, 穴(구멍 혈) 3급
立	설	립	서다, 세우다	童(아이 동) 6급

6획 부수 한자	훈 음		뜻	활용 한자
竹	대	죽	대나무, 책, 종이, 피리	答, 竹(대 죽) 4급

부수 한자	훈 음		뜻	활용 한자
米	쌀	미	낟알, 가루, 쌀	粉(가루 분) 4급
糸	실	사	실, 가는 실, 다스리다	紙
缶	장군	부	질그릇, 장군	缺(이지러질 결) 4급
网(罒)	그물	망	그물, 숨기다	罪(허물 죄) 5급
羊	양	양	양, 착하다, 온순하다	美(아름다울 미) 6급 羊(양 양) 4급
羽	깃	우	깃털, 날개, 돕다	習(익힐 습) 6급 羽(깃 우) 3급
老(耂)	늙을	로	늙다	者(놈 자) 6급
而	말이을	이	말잇다, 말을 이어 주는 접속사	耐(견딜 내) 3급
耒	쟁기	뢰	쟁기, 가래(농기구)	耕(밭갈 경) 3급
耳	귀	이	귀, 문장에 쓰이는 종결사	聞(들을 문) 6급 耳(귀 이) 5급
聿	붓(筆) 률(율)		붓, 짓다	肅(엄숙할 숙) 4급
肉(月)	고기 육 (육달월)		고기, 몸, 살	腐(썩을 부) 3급 育
臣	신하	신	신하, 백성	臥(누울 와) 3급 臣(신하 신) 5급
自	스스로	자	스스로, 몸소, 자기, 저절로, ~으로부터	臭(냄새 취) 3급
至	이를	지	이르다, 다다르다, 지극하다, 아주, ~까지	致(이를 치) 5급
臼	절구	구	마주들다, 잡다, 절구	臼(절구 구) 1급

부수 한자	훈 음	뜻	활용 한자
舌	혀　　설	혀	舍(집 사) 4급 舌(혀 설) 4급
舛	어그러질　천	어긋나다, 어기다, 그릇되다, 어수선하다	舞(춤출 무) 4급
舟	배　　주	배, 쪽배, 싣다	船(배 선) 5급 舟(배 주) 3급
艮	괘 이름　간	괘 이름, 머무르다	良(어질 량) 5급 艮(괘 이름 간) 3급
色	빛　　색	빛, 빛깔	艶(고울 염) 1급
艸(艹)	풀　　초 (艸頭)	풀, 꽃	花, 草, 萬
虍	호피 무늬　호	호랑이 문채(무늬)	號(이름 호) 6급
虫	벌레　충(훼)	벌레	蟲(벌레 충) 4급
血	피　　혈	피, 핏줄	衆(무리 중) 4급 血(피 혈) 4급
行	다닐　　행	줄, 항렬(항), 다니다, 걷다, 가다, 여행하다, 행하다	街(거리 가) 4급
衣(衤)	옷　　의	옷, 천으로 만든 것	複(겹칠 복) 4급 衣(옷 의), 表(겉 표) 6급
襾	덮을　　아	덮다, 숨기다	西

7획 부수 한자	훈 음	뜻	활용 한자
見	볼　　견	보다, 견해, 생각, 보이다, 나타나다, 뵙다	親(친할 친) 6급 見(볼 견) 5급
角	뿔　　각	뿔, 모나다, 각도, 다투다	解(풀 해) 4급

부수 한자	훈 음		뜻	활용 한자
言	말씀	언	말씀, 말, 말하다	記, 話, 言(말씀 언) 6급
谷	골	곡	골, 골짜기	谷(골 곡) 3급
豆	콩	두	콩, 팥, 제사그릇	豊(풍년 풍) 4급 豆(콩 두) 4급
豕	돼지	시	돼지, 많다	象(코끼리 상) 4급
豸	해태 발 없는 벌레	태 치	해태, 맹수	貌(모양 모) 3급
貝	조개	패	재물, 조개, 돈	財(재물 재) 5급 貝(조개 패) 3급
赤	붉을	적	붉다, 벌거벗다	赤(붉을 적) 5급 赦(용서할 사) 2급
走	달릴	주	달리다, 달아나다	起(일어날 기) 4급
足	발	족	발, 넉넉하다, 지나치다, 과하다	路(길 로) 6급
身	몸	신	몸	軀(몸 구) 1급 身(몸 신) 6급
車	수레 수레	거 차	군사, 수레, 바퀴	軍
辛	매울	신	맵다, 독하다, 고생스럽다, 여덟째 천간	辭(말씀 사) 4급
辰	때 별	신 진	별, 별 이름, 날, 다섯째 지지, 용	農 辰(때 신, 별 진) 3급
辵(辶)	쉬엄쉬엄갈 (착받침)	착	쉬엄쉬엄가다, 뛰어넘다, 달리다	道
邑(阝)	고을	읍	땅, 고을, 우부방	郡(고을 군) 6급
酉	닭	유	따뜻하다, 닭, 술, 열째 지지	配(짝 배, 나눌 배) 4급

8획 부수 한자	훈 음		뜻	활용 한자
釆	분별할	변	분별하다, 나누다	釋(풀 석) 4급
里	마을	리	마을, 거리, 주거	重
金	쇠 성	금 김	광석, 성씨 김, 굳다, 귀하다	銀(은 은) 6급
長(镸)	긴	장	길다, 어른, 오래다, 뛰어나다	長
門	문	문	문, 집안, 가문, 무리, 동문, 전문 분야	間
阜(阝)	언덕	부	언덕, 막다, 좌부변, 성하다	防(막을 방) 4급
隶	미칠(及) 밑(本)	대 이	미치다	隷(종 례) 1급
隹	새	추	새, 꽁지 짧은 새	集(모을 집) 6급
雨	비	우	비, 비온다	雨(비 우) 5급
非	아닐	비	꾸짖다, 아니다, 어긋나다, 나무라다	非(아닐 비) 4급
靑	푸를	청	푸르다, 젊다	靜(고요할 정) 4급

9획 부수 한자	훈 음		뜻	활용 한자
面	낯	면	낯, 얼굴, 만나다, 탈, 바닥 면(행정 단위)	靨(보조개 엽) 面
革	가죽	혁	가죽, 고치다	鞠(성姓 국) 2급
韋	다룸가죽	위	가죽, 주위	韓

부수 한자	훈 음		뜻	활용 한자
韭	부추	구	부추(땅 위에 여러 갈래로 나온 부추 모양)	韱(산부추 섬)
音	소리	음	소리, 소식	韻(운 운) 3급 音(소리 음) 6급
頁	머리	혈	머리, 페이지, 면	頭(머리 두) 6급
風	바람	풍	바람, 경치, 풍속	颱(태풍 태) 2급 風(바람 풍) 6급
飛	날	비	날다, 높다, 급하다, 빠르다	飜(번역할 번) 3급
食	밥 먹을	식(사) 식	밥, 먹다	飮(마실 음) 6급
首	머리	수	머리, 우두머리, 첫째, 앞장서다	首(머리 수) 5급
香	향기	향	향기, 향기롭다	香(향기 향) 4급

10획 부수 한자	훈 음		뜻	활용 한자
馬	말	마	말	驗(시험 험) 4급 馬(말 마) 5급
骨	뼈	골	뼈, 뼈대	體(몸 체) 6급 骨(뼈 골) 4급
高	높을	고	높다, 뛰어나다, 매우 비싸다, 고상하다	高(높을 고) 6급
髟	긴털드리울	표	(머리카락)늘어지다, 머리털	髮(터럭 발) 4급
鬥	싸울	투(두)	싸우다	鬪(싸움 투) 4급
鬯	울창주	창	술 이름, 활집	鬱(답답할 울) 2급

부수 한자	훈 음		뜻	활용 한자
鬲	다리굽은솥 오지병	력 격	솥, 막다, 손잡이, 속이 비어 있다	鬻(미음 죽)
鬼	귀신	귀	귀신, 도깨비, 교묘하다, 뛰어나다	魂(넋 혼) 3급 鬼(귀신 귀) 3급

11획

부수 한자	훈 음		뜻	활용 한자
魚	물고기	어	고기(생선)	鮮(고울 선) 5급 魚(물고기 어) 5급
鳥	새	조	꽁지가 긴 새	鳴(울 명) 4급 鳥(새 조) 4급
鹵	소금	로	소금밭, 둔하다, 빼앗다	鹽(소금 염) 3급
鹿	사슴	록	사슴, 권좌, 곳집	麗(고울 려) 4급 鹿(사슴 록) 3급
麥	보리	맥	보리	麥(모리 맥) 3급
麻	삼	마	삼	麻(삼 마) 3급

12획

부수 한자	훈 음		뜻	활용 한자
黃	누를	황	누르다, 저승, 어둡다	黃(누를 황) 6급
黍	기장	서	기장, 오곡의 하나, 찰기장	黎(검을 려) 1급
黑	검을	흑	검다, 어둡다, 나쁜 마음	黨(무리 당) 4급 黑(검을 흑) 5급
黹	바느질할	치	바느질하다	黹(바느질할 치)

13획

부수 한자	훈 음		뜻	활용 한자
黽	맹꽁이 (힘쓸	맹 민)	맹꽁이, 힘쓰다	鱉(자라 별) 특급
鼎	솥	정	솥, 세 갈래, 정립하다	鼎(솥 정) 2급
鼓	북	고	북, 북치다, 울리다	鼓(북 고) 3급
鼠	쥐	서	쥐, 좀스럽다, 근심하다	鼠(쥐 서) 1급

14획

부수 한자	훈 음		뜻	활용 한자
鼻	코	비	코, 구멍, 코꿰다	鼻(코 비) 5급
齊	가지런할	제	가지런하자, 다스리다, 깨끗이하다	齊(가지런할 제) 3급

15획

부수 한자	훈 음		뜻	활용 한자
齒	이	치	이, 나이, 나란히 서다	齒(이 치) 4급

16획

부수 한자	훈 음		뜻	활용 한자
龍	용	룡	용, 임금에 관한 접두사	龍(용 룡) 4급
龜	거북 터질	구(귀) 균	거북, 본보기, 터지다, 땅 이름	龜(거북 구(귀)) 3급

17획

부수 한자	훈 음		뜻	활용 한자
龠	피리	약	피리	龠(피리 약)

3. 7·8급 배정 한자 150字
한자 풀이 · 따라쓰기

國語愛 

한자풀이(7 · 8급)

家
집 가
(宀) 총10획

宀(집 면) + 豕(돼지 시)

기억방법 | 옛날에는 **집**에서도 돼지를 기르는 **가**정도 있었다.

참고 | 전문가의 뜻, 소설가(小說家), 화가(畫家)

· 家口(가구)   · 家事(가사)   · 家長(가장)

歌
노래 가
(欠) 총14획

哥(노래 가) + 欠(하품 흠)

기억방법 | 하품을 하는 것처럼 **노래**하는 **가**수를 나는 좋아한다.

참고 | 愛國歌(애국가), 流行歌(유행가)

· 歌手(가수)   · 校歌(교가)   · 軍歌(군가)

間
사이 간
(門) 총12획

門(문 문) + 日(날 일)

기억방법 | 문틈 **사이**로 해가 비치면 간식을 먹을 시**간**이다.

참고 | 닮은 한자-問(물을 문), 聞(들을 문 : 6급)

· 間食(간식)   · 時間(시간)   · 人間(인간)

江
강 강
(水 : 氵) 총6획

水(물 수)+工(장인 공)

기억방법 | 물이 모여 **강**이 되었다. 장인(목수)이 **강**가에 서 있다.

참고 | 뜻이 비슷한 한자 : 川(내 천)

· 江南(강남)   · 江山(강산)   · 江北(강북)

車
수레 거 · 차
(車) 총7획

수레의 모양을 본뜬 글자

기억방법 | **수레**가 발달되어 자동**차**가 되었다.

참고 | · 汽車(기차)   · 馬車(마차)   · 自轉車(자전거)

· 人力車(인력거)   · 自動車(자동차)   · 車道(차도)

家	家 `丶丶宀宀宀宇宇家家家`
집 가	家 집 가

歌	歌 `一一一一一一一一一哥哥哥哥歌歌歌`
노래 가	歌 노래 가

間	間 `丨丨丨丨丨丨丨門門門門間間間`
사이 간	間 사이 간

江	江 `丶丶氵氵江江`
강 강	江 강 강

車	車 `一一一一一一一車`
수레 거·차	車 수레 차

國語愛

한자풀이(7 · 8급)

工

장인 공
(工) 총3획

목수가 사용하는 자(ㄱ) 모양

기억방법 | 장인은 긴 자를 공구로 사용한다.

참고 | 장인 : 주로 손으로 물건을 만드는 일을 하는 사람

· 工夫(공부)　· 工事(공사)　· 工場(공장)

空

빌 공
(穴) 총8획

穴(구멍 혈) + 工(장인 공)

기억방법 | 구멍을 뚫어 장인은 하늘을 보며 빌 수 있는 공간을 만든다.

참고 | 陸海空軍(육해공군), 空册(공책)

· 空軍(공군)　· 空白(공백)　· 空中(공중)

校

학교 교
(木) 총10획

木(나무 목) + 交(사귈 교)

기억방법 | 우리 학교는 나무도 있고 친구도 사귀며, 교훈도 있다.

참고 | 校監(교감), 校則(교칙)

· 校內(교내)　· 校長(교장)　· 學校(학교)

敎

가르칠 교
(攵) 총11획

老(늙을 로) + 子(아들 자)+ 攵(칠 복)

기억방법 | 아들을 위해 회초리로 치면서 가르칠 분은 늙으신 아버지며, 교육가이시다.

참고 | 뜻이 같은 한자 : 訓(가르칠 훈-6급)

· 敎生(교생)　· 敎室(교실)　· 敎育(교육)

九

아홉 구
(乙) 총2획

十(열 십)+丿 (삐칠 별)

기억방법 | 열에서 하나가 삐쳤으니, 아홉이며, 구(9)라고 한다.

참고 | 九死一生(구사일생)-죽을 고비를 여러 차례 넘기고 겨우 살아남.

· 九月(구월)　· 九天(구천)　· 金九(김구)

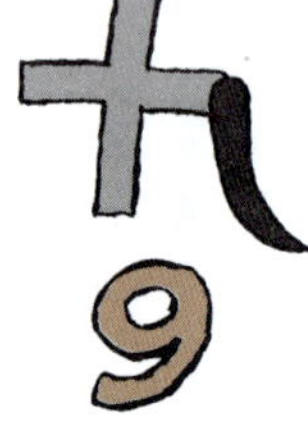

한자풀이(7 · 8급)

	필순	따라쓰기
工 장인 **공**	一 T 工 / 工	장인 공
空 빌 **공**	丶 丷 宀 宀 穴 空 空 空 / 空	빌 공
校 학교 **교**	一 十 才 木 杧 杧 栌 栌 栌 校 / 校	학교 교
教 가르칠 **교**	丿 メ 孑 耂 耂 孝 孝 孝 教 教 教 / 教	가르칠 교
九 아홉 **구**	丿 九 / 九	아홉 구

한자풀이(7 · 8급)

口 입 구 (口) 총3획	사람의 입 모양 기억방법: 입 모양이 같은 사람은 우리 집 식구이다. 참고: 非常口(비상구), 口舌數(구설수) ·食口(식구) ·入口(입구) ·出口(출구)	
國 나라 국 (口) 총11획	口(나라 국) + 或(혹 혹:4급) 기억방법: 혹시나 나라의 국경을 적이 침입했는지 잘 지켜야 한다. 참고: 國慶日(국경일), 國寶(국보) ·國民(국민) ·國土(국토) ·全國(전국)	
軍 군사 군 (車) 총9획	冖(덮을 멱) + 車(수레 거) 기억방법: 군사는 지붕을 덮은 수레를 탄 군인이다. 참고: 軍隊(군대), 陸軍(육군) ·國軍(국군) ·軍人(군인) ·白軍(백군)	
金 쇠 금, 성 김 (金) 총8획	今(이제 금) + 土(흙 토) 기억방법: 흙 속에서 반짝이는 쇠가 금이다. 참고: 金氏(김씨), 金曜日(금요일) ·金九(김구) ·金力(금력) ·入金(입금)	
氣 기운 기 (气) 총10획	气(기운 기) + 米(쌀 미) 기억방법: 쌀로 밥을 지을 때 구름 같은 기운, 증기가 나온다. 참고: 感氣(감기), 勇氣(용기) ·氣力(기력) ·人氣(인기) ·日氣(일기)	

한자풀이(7 · 8급)

口	`丨 冂 口`
입 **구**	口
	입 구

國	`丨 冂 冂 冃 冃 同 同 國 國 國 國`
나라 **국**	國
	나라 국

軍	`丶 冖 冖 冃 冃 写 冒 宣 軍`
군사 **군**	軍
	군사 군

金	`丿 人 入 스 수 수 余 金`
쇠**금**, 성**김**	金
	쇠금, 성김

氣	`丿 厂 气 气 気 気 氣 氣 氣`
기운 **기**	氣
	기운 기

記	言(말씀 언) + 己(몸 기)
	기억방법: 말씀을 듣고 몸(손)으로 직접 **기록할** 사람은 **기**자이다.
	참고: 日記帳(일기장), 筆記(필기)
기록할 **기** (言) 총10획	·記事(기사) ·記入(기입) ·日記(일기)

旗	㫃(깃발 언) + 其(그 기)
	기억방법: 우리 나라 깃발, 그 **기**는 태극**기**이다.
	참고: 太極旗(태극기), 優勝旗(우승기)
기 **기** (方) 총14획	·校旗(교기) ·白旗(백기) ·靑旗(청기)

南	十(열 십) + 冂(멀 경) + 羊(초목의 뜻)
	기억방법: **남녘**은 양 떼가 먹을 수 있는 먼 들판에 초목이 많은 **남**쪽이다.
	참고: 반대 한자 ↔ 北(북녘 북)
남녘 **남** (十) 총9획	·南北(남북) ·南山(남산) ·南村(남촌)

男	田(밭 전) + 力(힘 력)
	기억방법: 밭에서 힘차게 일하는 **사내**는 **남**자답다.
	참고: 반대 한자 ↔ 女(계집 녀)
사내 **남** (田) 총7획	·男女(남녀) ·男子(남자) ·男便(남편)

內	冂(멀 경) + 入(들 입)
	기억방법: 먼 데 문으로 들어가면 **안**쪽에 **내**실이 있다.
	참고: 반대 한자 ↔ 外(바깥 외)
안 **내** (入) 총4획	·內面(내면) ·內室(내실) ·國內(국내)

國語愛

記	記 ` 二 三 亖 言 言 言 記 記 記
기록할 기	記 기록할 기

旗	旗 ` 亠 方 方 扩 扩 於 旂 旂 旗 旗 旗 旗
기 기	旗 기 기

南	南 一 十 广 内 内 币 币 南 南
남녘 남	南 남녘 남

男	男 ` 口 日 田 田 男 男
사내 남	男 사내 남

內	內 ` 口 內 內
안 내	內 안 내

女

계집 녀
(女) 총3획

다소곳이 앉아 있는 여자의 모습.

기억방법 | **계집**이란, 여자(**녀**)의 옛날말이다.

참고 | 반대 한자 ↔ 男(사내 남)

· 女子(여자)　· 女王(여왕)　· 少女(소녀)

年

해 년
(干) 총6획

人(사람 인) + 牛(소 우)

기억방법 | **해**마다 사람이 소를 이용해서 곡식을 매**년** 걷어들인다.

참고 | 뜻이 같은 한자 → 歲(해 세:5급)

· 年間(연간)　· 年下(연하)　· 每年(매년)

農

농사 농
(辰) 총13획

辰(별 진) + 曲(굽을 곡, 豊 : 풍년 풍-4급)

기억방법 | **농사**를 새벽부터 별이 뜰 때까지 열심히 한 **농**부는 풍년이 들기를 바란다.

참고 | 農樂(농악), 農産物(농산물)

· 農民(농민)　· 農夫(농부)　· 農村(농촌)

答

대답 답
(竹) 총12획

竹(대 죽) + 合(합할 합)

기억방법 | 대나무에 글을 쓰며 **대답**하고, 모두 합하여 **답**지로 제출한다.

참고 | 반대 한자 ↔ 問(물을 문)

· 答紙(답지)　· 問答(문답)　· 正答(정답)

大

큰 대
(大) 총3획

人(사람 인) + 一(한 일)

기억방법 | 사람이 다리와 양 팔을 버리고 **큰 대** 한자 모양을 한다.

참고 | 반대 한자 ↔ 小(작을 소)

· 大門(대문)　· 大小(대소)　· 大學(대학)

MEMO

한자풀이(7·8급)

국어 사랑 기초 초등 漢字 150字

| 女 | く 女 女 |
| 계집 **녀** | 女 계집 녀 |

| 年 | ノ ← ↖ ⇐ 左 年 |
| 해 **년** | 年 해 년 |

| 農 | 丶 冖 冂 曲 曲 曲 曲 芦 芦 芦 農 農 農 |
| 농사 **농** | 農 농사 농 |

| 答 | ノ ← ← ←← ⺮ ⺮ ⺮ 炏 炏 答 答 答 |
| 대답 **답** | 答 대답 답 |

| 大 | 一 ナ 大 |
| 큰 **대** | 大 큰 대 |

 國語愛

한자풀이(7·8급)

道

길 도
(辵) 총13획

首(머리 수) +辶_(辵:쉬엄쉬엄 갈 착)

기억방법 | 머리를 바르게 하고 쉬엄쉬엄 가는 길이 정도, 바른 길이다.

참고 | 京畿道(경기도), 道路(도로)

· 國道(국도)　· 人道(인도)　· 車道(차도)

同

한가지 동
(口) 총6획

凡(무릇 범) + 口(입 구)

기억방법 | 말(입)이 한가지로 일치하니 동생인가 보다.

참고 | 同胞(동포), 同窓生(동창생)

· 同時(동시)　· 同門(동문)　· 同生(동생)

冬

겨울 동
(冫) 총5획

夂(뒤져올 치) + 冫(얼음 빙)

기억방법 | 가을에 이어 겨울은 얼음이 생기는 동절기라 한다.

참고 | 반대 한자 ↔ 夏(여름 하)

· 冬日(동일)　· 冬天(동천)　· 入冬(입동)

東

동녘 동
(木) 총8획

木(나무 목) + 日(날 일)

기억방법 | 나무에 해가 걸린 듯이 보이는 곳은 동녘, 동쪽이다.

참고 | 반대 한자 ↔ 西(서녘 서)

· 東門(동문)　· 東西(동서)　· 東天(동천)

洞

골 동
(水) 총9획

水(氵)물 수 + 同(한가지 동)

기억방법 | 물이 있는 곳에 마을(골)이 있고, 동네를 이룬다.

참고 | 내가 사는 동네를 한자로 써보자(○ ○ 洞)

· 洞口(동구)　· 洞民(동민)　· 洞里(동리)

道	`、 ` `丷` `丷` `首` `首` `首` `首` `道` `道` `道` `道`
길 도	道 길 도

同	`丨 冂 冂 同 同 同`
한가지 동	同 한가지동

冬	`丿 夂 夂 冬 冬`
겨울 동	冬 겨울 동

東	`一 厂 厂 冃 冃 百 車 東 東`
동녘 동	東 동녘 동

洞	`、 冫 氵 汀 汈 洞 洞 洞 洞`
골 동	洞 골 동

한자풀이(7·8급)

動
움직일 **동**
(力) 총11획

重(무거울 중) + 力(힘 력)

기억방법 | 무거운 것을 움직일 수 있는 힘은 동력이다.

참고 | 반대 한자 ↔ 靜(고요할 정 : 4급)

· 動物(동물)　· 行動(행동)　· 活動(활동)

登
오를 **등**
(癶) 총12획

癶(필 발) + 豆(콩 두)

기억방법 | 콩처럼 작게 보이는 것은 산에 오를, 등산객이다.

참고 | 登龍門(등용문) : 크게 출세하는 기회.

· 登校(등교)　· 登山(등산)　· 登場(등장)

來
올 **래**
(人) 총8획

보리 이삭을 본떠서 만든 글자.

기억방법 | 내일 보리 이삭을 들고 올래?

참고 | 반대 한자 ↔ 去(갈 거 : 5급)

· 來年(내년)　· 來日(내일)　· 外來語(외래어)

力
힘 **력**
(力) 총2획

사람의 몸, 근육 모양의 글자

기억방법 | 팔에 힘을 주며, 물건을 놓치지 않으려고 노력한다.

참고 | 努力(노력), 總力(총력)

· 力道(역도)　· 有力(유력)　· 人力(인력)

老
늙을 **로**
(老) 총6획

사람이 지팡이를 짚고 있는 모양

기억방법 | 늙은 노인들이 많이 있는 경로당.

참고 | 반대 한자 ↔ 少(젊을 소)

· 老母(노모)　· 老少(노소)　· 老人(노인)

한자풀이(7·8급)

動	丿 二 仁 宀 宀 旨 盲 重 重 動 動
動 움직일 **동**	動 움직일 동

登	丿 ㅋ ㅈ ㄨ ㄨ ㄨ ㄨ 癶 登 登 登 登
登 오를 **등**	登 오를 등

來	一 厂 ㄷ ㄹ ㄹ 來 來 來
來 올 **래**	來 올 래

力	丿 力
力 힘 **력**	力 힘 력

老	一 十 土 耂 耂 老
老 늙을 **로**	老 늙을 로

한자풀이(7·8급)

六

여섯 륙
(八) 총4획

ㅗ(入:들 다) + 八(여덟 팔)

기억방법 | 여섯은 여덟 안에 들어가고 숫자 6(륙, 육)이다

참고 | 六週(육주), 六層(육층)

· 六百(육백)　· 六月(유월)　· 六寸(육촌)

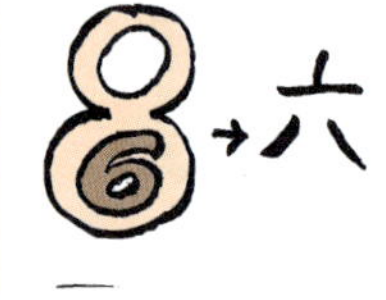

里

마을 리
(里) 총7획

田(밭 전) + 土(흙 토)

기억방법 | 흙이 많은 밭이 있는 마을을 대표하는 사람은 이(리)장이다.

참고 | 千里眼(천리안) : 천리 밖을 내다볼 수 있는 눈.

· 洞里(동리)　· 里長(이장)　· 千里(천리)

林

수풀 림
(木) 총8획

木(나무 목) + 木(나무 목)

기억방법 | 나무가 둘 이상 많이 모인 곳은 숲(수풀)이나 산림이다.

참고 | 密林(밀림), 熱帶林(열대림)

· 農林(농림)　· 國有林(국유림)　· 山林(산림)

立

설 립
(立) 총5획

땅 위에 서 있는 사람의 모습

기억방법 | 설 수 있는 사람은 중립을 지킨다.

참고 | 公立(공립), 私立(사립)

· 立春(입춘)　· 國立(국립)　· 中立(중립)

萬

일만 만
(艸) 총13획

전갈 모양의 글자

기억방법 | 일 만 원을 만 원이라 한다.

참고 | 萬里長城(만리장성) : 중국 북쪽에 있는 큰 성벽.

· 萬國(만국)　· 萬物(만물)　· 萬事(만사)

한자풀이(7·8급)

六	六					
여섯 **륙**	여섯 륙					

`' 亠 六 六`

里	里					
마을 **리**	마을 리					

`丶 冂 冂 日 旦 里 里`

林	林					
수풀 **림**	수풀 림					

`一 十 才 木 朮 朴 材 林`

立	立					
설 **립**	설 립					

`' 亠 亠 立 立`

萬	萬					
일만 **만**	일만 만					

`丶 十 艹 艹 芢 苩 苗 昔 苫 莒 萬 萬 萬`

國語愛

한자풀이(7 · 8급)

每 매양 매
(毋) 총7획

ㅗ(알리다) + 母(어미 모)

기억방법 | 어머니가 알려 주시는 말씀은 매양(늘, 언제나) 매일 같다.

참고 | 每週(매주), 每學期(매학기)

· 每年(매년)　· 每月(매월)　· 每日(매일)

面 낯 면
(面) 총9획

사람의 얼굴 모양의 글자.

기억방법 | 낯은 얼굴이며, 생김새를 면목이라 한다.

참고 | 얼굴, 표면, 지방 행정 구역의 뜻.

· 面長(면장)　· 場面(장면)　· 平面(평면)

名 이름 명
(口) 총6획

夕(저녁 석) + 口(입 구)

기억방법 | 저녁에도 이름을 부를 정도로 유명하군!

참고 | 名單(명단), 名將(명장)

· 名山(명산)　· 有名(유명)　· 姓名(성명)

命 목숨 명
(口) 총8획

令(하여금 령) + 口(입 구)

기억방법 | 목숨처럼 여기는 명령도 입으로 한다.

참고 | 뜻이 같은 한자-壽(목숨 수 : 3급)

· 人命(인명)　· 生命(생명)　· 天命(천명)

母 어미 모
(毋) 총5획

어린 아이를 품에 안고 있는 모습.

기억방법 | 어미(어머니)와 딸을 모녀라고 한다.

참고 | 어머니, 근본, 보살피다 의 뜻, 반대 한자 ↔ 父(아비 부)

· 母校(모교)　· 母國(모국)　· 母女(모녀)

每 매양 매	每 매양 매
面 낯 면	面 낯 면
名 이름 명	名 이름 명
命 목숨 명	命 목숨 명
母 어미 모	母 어미 모

한자풀이 (7 · 8급)

| 木
나무 **목**
(木) 총4획 | 나무의 가지, 줄기, 뿌리의 모양.

기억방법｜**나무**로 물건을 만드는 사람을 **목**공이라 한다.

참고｜뜻이 같은 한자–樹(나무 수 : 6급)

· 木工(목공)　· 木手(목수)　· 草木(초목) |  |

| 門
문 **문**
(門) 총8획 | 두 개의 문짝이 달린 문 모양.

기억방법｜우리 학교 교**문**은 정**문**과 후문이 있다.

참고｜窓門(창문), 門前成市(문전성시)

· 門前(문전)　· 正門(정문)　· 校門(교문) |  |

| 文
글월 **문**
(文) 총4획 | 엇갈려 쓰여지는 글자의 모양.

기억방법｜**글월**은 **문**장과 같은 말이다.

참고｜글자, 문화, 무늬의 뜻. 文章(문장), 文房具店(문방구점)

· 文人(문인)　· 文學(문학)　· 名文(명문) |  |

| 問
물을 **문**
(口) 총11획 | 門(문 문) + 口(입 구)

기억방법｜**물**을 것을 **문** 앞에서 물어 봐라.

참고｜반대 한자 ↔ 答(대답 답)

· 問答(문답)　· 問安(문안)　· 學問(학문) |  |

| 物
물건 **물**
(牛) 총8획 | 牛(소 우) + 勿(말 물)

기억방법｜**물건**을 운반할 수 있는 소 만큼 중요한 동**물**도 없다.

참고｜建物(건물), 物體(물체)

· 動物(동물)　· 植物(식물)　· 人物(인물) |  |

木	一 十 才 木
나무 **목**	木
	나무 목

門	ｌ ｆ ｆ ｆ ｆ 門 門 門
문 **문**	門
	문 문

文	` 一 亠 文
글월 **문**	文
	글월 문

問	ｌ ｆ ｆ ｆ ｆ 門 門 門 門 問 問
물을 **문**	問
	물을 문

物	` ´ 牛 牛 牜 物 物 物
물건 **물**	物
	물건 물

4. 한자풀이(7·8급)

民	氏(성씨 씨) + 一(모으다, 많은 사람)
	기억방법| 백성은 많은 성씨들이 모인 국민이다.
	참고| 닮은 한자-氏(성씨 씨:4급)
백성 민 (氏) 총5획	·民家(민가)　·民心(민심)　·國民(국민)

方	물건을 실어 나르려는 네모난 배를 댄 모양.
	기억방법| 모가 난 방향은 어느 쪽이냐?
	참고| 모:사물의 어떤 측면이나 각도. 方法(방법), 方向(방향)
모 방 (方) 총4획	·方面(방면)　·方便(방편)　·四方(사방)

白	日(날 일) + ノ(삐칠 별)
	기억방법| 해가 반짝이면 흰, 백색처럼 눈부시다.
	참고| 반대 한자 ↔ 黑(검을 흑 : 5급)
흰 백 (白) 총5획	·白軍(백군)　·白色(백색)　·白紙(백지)

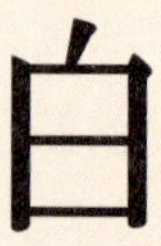

百	白(흰 백) + 一(한 일, 모으다)
	기억방법| 흰 것을 모아서 일 백에서 백 만 개가 되었다.
	참고| 백화점(百貨店), 백과사전(百科事典)
일백 백 (白) 총6획	·百年(백년)　·百日(백일)　·百姓(백성)

父	아버지가 손에 회초리를 든 모습
	기억방법| 아비는 아버지의 옛날 말이고 부친이라고도 한다.
	참고| 반대 한자 ↔ 母(어미 모)
아비 부 (父) 총4획	·父母(부모)　·父子(부자)　·祖父(조부)

民	ㄱ ㄱ ㄹ 尸 民
	民
백성 민	백성 민

方	ㆍ 亠 亐 方
	方
모 방	모 방

白	ㆍ 丿 白 白 白
	白
흰 백	흰 백

百	一 亇 亇 듀 듀 百
	百
일백 백	일백 백

父	ㆍ 丷 ㄉ 父
	父
아비 부	아비 부

夫

지아비 부
(大) 총4획

大(큰 대) + 一(모으다, 많은 사람)

기억방법 | 크게 모으는 사람은 **지아비**며, 공**부**도 했다.

참고 | 지아비란 남편의 옛말이다.

· 工夫(공부)　　· 農夫(농부)　　· 夫人(부인)

北

북녘북, 달아날배
(匕) 총5획

두 사람이 서로 등지고 앉아 있는 모습.

기억방법 | **북녘**에서 다른 곳으로 달아나는 **북**한 사람들.

참고 | 반대 한자 ↔ 南(남녘 남)

· 北門(북문)　· 北韓(북한)　· 敗北(패배 : 패할 패-5급)

不

아닐 불 · 부
(一) 총4획

一(하늘) + 🐦(새가 하늘로 날아가는 모양)

기억방법 | 새가 날아가서 돌아오지 **아니**하여 **불**안하다.

참고 | '不' 뒤에 오는 글자가 'ㄷ, ㅈ'이 오면 '부'로 읽는다.

· 不安(불안)　　· 不動(부동)　　· 不正(부정)

四

넉 사
(口) 총5획

口(나라 국의 옛날 글자) + 八(여덟 팔)

기억방법 | 여덟으로 나누면, **넉**(넷) **사**(4)각이 된다.

참고 | 四角形(사각형), 四季節(사계절)

· 四方(사방)　　· 四月(사월)　　· 四海(사해)

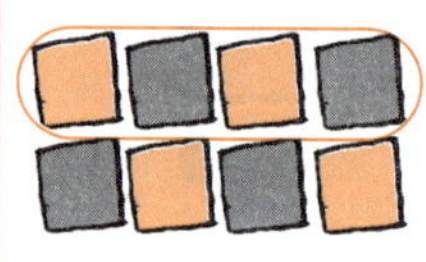

事

일 사
(亅) 총8획

口(입 구) + 一(모으다) + ⺕(손) + 亅(갈고리 궐)

기억방법 | **일**은 입(의견) 모으고 손으로 열심히 한다는 것, **사**실이다.

참고 | 事件(사건), 事實(사실)

· 事物(사물)　　· 事前(사전)　　· 事後(사후)

夫	一 二 夫 夫
지아비 부	夫 지아비부

北	丨 ㅓ ㅓ ㅓ 北
북녘 북, 달아날 배	北 북녘 북, 달아날 배

不	一 ㄱ ㄱ 不
아닐 불·부	不 아닐불·부

四	丨 冂 冂 四 四
넉 사	四 넉 사

事	一 ㄱ ㅁ ㅁ 彐 彐 写 事
일 사	事 일 사

한자풀이 (7·8급)

山

산() 모양의 글자.

기억방법 | 높이 솟아 있는 땅을 **메**라고 한다. 이제는 **산**이라고 하지요.

참고 | 白頭山(백두산), 北漢山(북한산)

메 산
(山) 총3획

· 山林(산림)　· 山地(산지)　· 山川草木(산천초목)

算

竹(대나무 죽) + 目(눈 목) + 廾(두손을 들다)

기억방법 | 대나무로 된 눈금이 있는 자를 들고, **셈**을 계**산**하다.

참고 | 檢算(검산), 暗算(암산)

셈 산
(竹) 총14획

· 算數(산수)　· 算入(산입)　· 算出(산출)

三

나뭇가지 셋을 나란히 놓은 모양.

기억방법 | 하나 더하기 둘은 **석 삼**이다.

참고 | 숫자의 변조를 막기 위한 같은 한자– 參(석삼, 참여할 참 : 5급)

석 삼
(一) 총3획

· 三國(삼국)　· 三日(삼일)　· 三寸(삼촌)

上

一(땅) + ㅣ(태양) + 一(높다)

기억방법 | 땅 위에 점을 찍어 **위**쪽을 가리킨다. **상**하는 반대 한자어이다.

참고 | 반대 한자 ↔ 下(아래 하)

위 상
(一) 총3획

· 上空(상공)　· 上下(상하)　· 祖上(조상)

色

人(사람 인) + 巴(뱀 파)

기억방법 | 사람이 뱀을 보면 무서워 얼굴 **빛**, 기**색**이 변한다.

참고 | 색연필(色鉛筆)

빛 색
(色) 총6획

· 氣色(기색)　· 同色(동색)　· 靑色(청색)

| 山 메 산 | ㅣ 凵 山
山 메 산 | | | | | |

| 算 셈 산 | ノ ノ ゛ ゛゛ ゙゙ ゙゙ ゙゙ 竹 竹 笡 笡 笪 算 算 算
算 셈 산 | | | | | |

| 三 석 삼 | 一 二 三
三 석 삼 | | | | | |

| 上 위 상 | ㅣ 卜 上
上 위 상 | | | | | |

| 色 빛 색 | ノ ゟ ゟ ゚ 色 色
色 빛 색 | | | | | |

生	中(싹날 철) + 土(흙 토)
	기억방법 | 흙을 뚫고 난 싹은, 꽃이 피면 생화가 된다.
	참고 | 반대 한자 ↔ 死(죽을 사 : 6급)
날 생 (生) 총5획	· 生家(생가) · 生日(생일) · 生活(생활)

西	一(땅) + 襾(덮을 아)
	기억방법 | 해가 땅을 덮고, 지는 쪽은 서녘,서쪽이다.
	참고 | 반대 한자 ↔ 東(동녘 동)
서녘 서 (襾) 총6획	· 西大門(서대문) · 西山(서산) · 西海(서해)

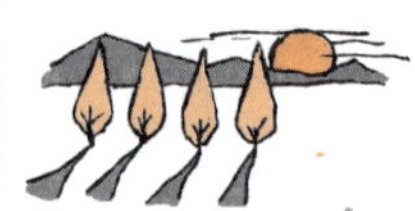

夕	초승달(☽)의 모양.
	기억방법 | 저녁에는 달이 뜨고, 추석에는 보름달이 뜬다.
	참고 | 반대 한자↔朝(아침조 : 6급)
저녁 석 (夕) 총3획	· 夕食(석식) · 秋夕(추석) · 七夕(칠석)

先	어질게 앞서서 걸어가는 모양.
	기억방법 | 위치나 인격이 먼저인 사람은 선생님이시다.
	참고 | 반대 한자 ↔ 後(뒤 후)
먼저 선 (儿) 총6획	· 先手(선수) · 先生(선생) · 先後(선후)

姓	女(계집 녀) + 生(날 생)
	기억방법 | 여자도 태어나면 성과 이름 성명을 짓는다.
	참고 | 성은 한 핏줄로 이어진 사람들의 공통으로 가지는 칭호.
성 성 (女) 총8획	· 姓名(성명) · 同姓(동성) · 百姓(백성)

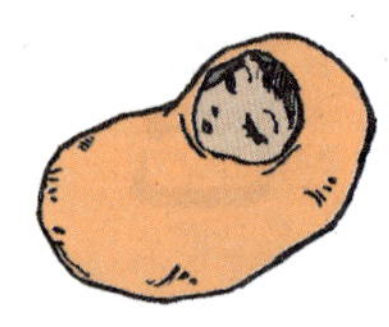

生	ノ ト ᅳ 牛 生
	生
날 생	날 생

西	一 ㄒ ㄒ 西 西 西
	西
서녘 서	서녘 서

夕	ノ ク 夕
	夕
저녁 석	저녁 석

先	ノ ᅩ [illegible]singleᅩ 生 步 先
	先
먼저 선	먼저 선

姓	く 女 女 女 女 姓 姓 姓
	姓
성 성	성 성

한자풀이 (7·8급)

국어 사랑 기초 초등 漢字 150字

世 인간 세 (一) 총5획	+(열 십)을 3개 구부린 뒤 연이어 쓴 글자. **기억방법** | 인간의 한 세대는 30년이다. **참고** | 現世(현세), 世代(세대) ·世上(세상)　·世子(세자)　·出世(출세)	
小 작을 소 (小) 총3획	점(···) 셋으로 이루어진 글자. **기억방법** | 점처럼 작을 소인국 나라. **참고** | 반대 한자 ↔ 大(큰 대) ·小數(소수)　·小食(소식)　·小心(소심)	
少 적을 소, 젊을 소 (小) 총4획	小(작을 소) + ノ(삐칠 별) **기억방법** | 작은 것에 삐쳐서 더욱 젊어져 소녀가 됐다. **참고** | 반대 한자 ↔ 老(늙을 로) ·少女(소녀)　·少年(소년)　·老少(노소)	
所 바 소 (戶) 총8획	戶(지게 호 / 집 호) + 斤(도끼 근) **기억방법** | 문 앞에서 도끼가 일할 바를 알고, 항상 그 장소에 있다. **참고** | 所願(소원), 所望(소망) ·所長(소장)　·便所(변소)　·場所(장소)	
水 물 수 (水) 총4획	쉬지 않고 끊임없이 흐르는 모양 **기억방법** | 물이 쉬지 않고 흐른다. 수돗물을 잘 잠그자! **참고** | 닮은 한자-氷(얼음빙 : 5급) ·水道(수도)　·水力(수력)　·水面(수면)	

한자풀이 (7·8급)

世 인간 세	一 十 卅 卅 世 世 인간 세
小 작을 소	丿 小 小 小 작을 소
少 적을 소, 젊을 소	丿 小 小 少 少 적을 소, 젊을 소
所 바 소	所 바 소
水 물 수	丿 刁 가 水 水 물 수

한자풀이(7·8급)

手

손 수
(手) 총4획

손 모양의 글자.

기억방법 | **손**때문에 잘못하여 실**수**하지 말자.

참고 | 반대한자 ↔ 足(발 족)

· 手足(수족)　· 手中(수중)　· 手話(수화)

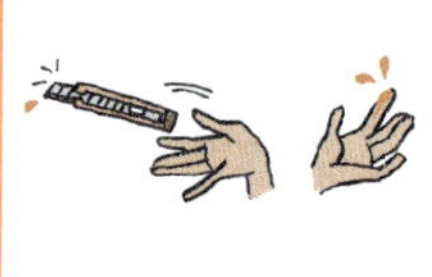

數

셈 수
(攵) 총15획

婁(어리석을 루) + 攵(칠 복)

기억방법 | 어리석은 여자는 **셈**할 때 손가락을 톡톡 치면서 **수**를 세어 본다.

참고 | 뜻이 같은 한자 : 算(셈 산), 計(셀 계 : 6급)

· 數萬(수만)　· 數日(수일)　· 數學(수학)

市

저자 시
(巾) 총5획

亠(머리 두) + 巾(수건 건)

기억방법 | 머리에 수건을 두른 사람이 **저자**거리, **시**장에서 물건을 판다.

참고 | 서울特別市(특별시)

· 市民(시민)　· 市長(시장)　· 市場(시장)

時

때 시
(日) 총10획

日(날 일) + 寺(절 사)

기억방법 | **때**가 되면 절에서 **시**간을 알리는 종을 친다.

참고 | 時計(시계), 時節(시절)

· 時間(시간)　· 時日(시일)　· 同時(동시)

食

먹을 식
(食) 총9획

人(사람 인) + 皀(밥고소할 흡)

기억방법 | 사람이 고소한 밥을 **먹을** 때가 **식**사 시간이다.

참고 | 食卓(식탁), 過食(과식)

· 食事(식사)　· 間食(간식)　· 外食(외식)

국어 사랑 기초 초등 漢字 150字

手
손 수

ノ 二 三 手

手
손 수

數
셈 수

數
셈 수

市
저자 시

丶 亠 广 亣 市

市
저자 시

時
때 시

丨 冂 日 日 日- 旷 時 昨 時 時

時
때 시

食
먹을 식

ノ 人 스 今 今 今 食 食 食

食
먹을 식

한자풀이(7·8급)

植 심을 식 (木) 총12획	木(나무 목) + 直(곧을 직) **기억방법** 나무를 곧게 세워 **심을** 날은 **식**목일이다. **참고** 매년 4월 5일은 植木日(식목일)입니다. ·植林(식림)　·植木(식목)　·植物(식물)	

室 집 실 (宀) 총9획	宀(집 면) + 至(이를 지) **기억방법** **집**은 사람이 이르러 사는 곳이고 교**실**은 공부하는 방이다. **참고** '집'이란 뜻의 한자-家(집 가), 舍(집사 : 4급) ·室內(실내)　·室外(실외)　·敎室(교실)	

心 마음 심 (心) 총4획	심장의 모양 **기억방법** **마음**은 **심**장이다. **참고** 반대 한자 ↔ 身(몸 신 : 6급) ·心氣(심기)　·心中(심중)　·安心(안심)	

十 열 십 (十) 총2획	두 팔을 십자가 모양으로 벌린 글자. **기억방법** **열**은 **십**이다. **참고** 숫자의 변조를 막기 위해 쓰이는 한자 – 拾(열 십, 주을 습 : 3급) ·十月(시월)　·十年(십년)　·十日(십일)	 

安 편안 안 (宀) 총6획	宀(집 면) + 女(계집 녀) **기억방법** 집 안에서 여자가 **편안**하게, "**안**녕?"하며 인사한다. **참고** 安保(안보), 安否(안부) ·安全(안전)　·便安(편안)　·平安(평안)	

植	一 十 オ 木 木 朾 柿 桔 植 植 植 植
심을 식	植 심을 식

室	丶 冖 宀 宀 宇 宏 宔 宔 室
집 실	室 집 실

心	丶 心 心 心
마음 심	心 마음 심

十	一 十
열 십	十 열 십

安	丶 丷 宀 安 安 安
편안 안	安 편안 안

한자풀이(7 · 8급)

語

言(말씀 언) + 五(나 오)

기억방법 | 나의 **말씀**이 곧 언**어**이다.

참고 | 뜻이 비슷한 한자 → 言(말씀 언 : 6급) 英語(영어), 佛語(불어)

말씀 어
(言) 총14획

· 國語(국어)　　· 語學(어학)　　· 言語(언어)

然

然(개고기 연) + 火(불 화)

기억방법 | 개고기를 불에 익히고 제사 지내는 일이 **그럴**수록 자**연**스럽다.

참고 | 必然的(필연적), 整然(정연)

그럴 연
(火) 총12획

· 空然(공연)히　· 自然(자연)　　· 天然(천연)

五

二(두 이) + 三(석 삼)

기억방법 | 둘에다 셋을 더하니 **다섯**, **오**(5)이다.

참고 | 五線紙(오선지), 五穀(오곡)

다섯 오
(二) 총4획

· 五萬(오만)　　· 五月(오월)　　· 五日(오일)

午

人(사람 인) + 十(열 십)

기억방법 | 사람이 열 명 정도 모이려면 **낮**, **오**후가 되어야 한다.

참고 | 모양이 비슷한 한자 → 牛(소우 : 5급)

낮 오
(十) 총4획

· 午前(오전)　　· 午後(오후)　　· 正午(정오)

王

一(모으다) + 土(흙 토)

기억방법 | **임금**은 영토를 많이 모을 수 있는 **왕**이다.

참고 | 부수로 쓰일 때는 = 玉(구슬 옥)

임금 왕
(玉) 총4획

· 王國(왕국)　　· 王室(왕실)　　· 王子(왕자)

語	` 亠 亍 言 言 言 言 訂 訂 語 語 語 語 語
말씀 어	語 말씀 어

然	ノ ク タ タ 夕 夘 欻 欻 欻 然 然 然
그럴 연	然 그럴 연

五	一 丁 瓦 五
다섯 오	五 다섯 오

午	ノ ᄼ 二 午
낮 오	午 낮 오

王	一 二 干 王
임금 왕	王 임금 왕

한자풀이 (7·8급)

국어 사랑 기초 초등 漢字 150字

外
바깥 외
(夕) 총5획

夕(저녁 석) + ト(점 복)

기억방법 | 저녁에 점치는 것은 **바깥**에 **외**출해야 한다.

참고 | 반대 한자 ↔ 內(안 내)

· 外家(외가)　· 外國(외국)　· 外三寸(외삼촌)

右
오른 우
(口) 총5획

𠂇(손) + 口(입구)

기억방법 | **오른**손으로 **우**리는 밥을 먹는다.

참고 | 반대 한자 ↔ 左(왼 좌)

· 右便(우편)　· 左右(좌우)　· 左右間(좌우간)

月
달 월
(月) 총4획

달(☽)의 모양

기억방법 | **달**이 떠오르는 것을 **월**출이라 한다.

참고 | 明月(명월), 歲月(세월)

· 月出(월출)　· 月中(월중)　· 八月(팔월)

有
있을 유
(月) 총6획

𠂇(손) + 月(달월)

기억방법 | 손으로 달이 **있을** 곳을 가리키며 소**유**하고 싶어한다.

참고 | 반대 한자↔無(없을 무 : 6급) 뜻이 비슷한 한자→在(있을 재 : 6급)

· 國有(국유)　· 有名(유명)　· 有力(유력)

育
기를 육
肉(月) 총8획

𠫓(갓난아이) + 月(고기 육, 몸)

기억방법 | 갓난아이 몸을 튼튼하게 **기를** 수 있는 사람을 **육**성한다.

참고 | '기르다' 의 뜻의 한자-養(기를 양 : 5급)

· 교육(敎育)　· 육림(育林)　· 생육(生育)

MEMO

外	ノ ク タ 外 外
外 바깥 외	外 바깥 외

右	ノ ナ ナ 右 右
右 오른 우	右 오른 우

月	ノ 几 月 月
月 달 월	月 달 월

有	ノ ナ ナ 有 有 有
有 있을 유	有 있을 유

育	' 一 云 去 产 育 育 育
育 기를 육	育 기를 육

邑 고을 읍 (邑) 총7획	口(입 구) + 巴(땅 이름 파)
	기억방법 | 사람이 살고 있는 땅 이름은 고을이고, 읍민들이 있다.
	참고 | '고을'이란 한자–郡(고을 군 : 6급) 州(고을주 : 5급)
	·邑內(읍내)　·邑民(읍민)　·邑長(읍장)

二 두 이 (二) 총2획	두 획을 그은 모양의 글자.
	기억방법 | 두 개는 숫자로 이(2)이다.
	참고 | 변조를 막기 위한 한자 – 貳(두 이 : 3급)
	·二月(이월)　·二世(이세)　·二重(이중)

人 사람 인 (人) 총2획	서 있는 사람의 옆 모습
	기억방법 | 사람을 인간이라 한다.
	참고 | 인형(人形), 인기(人氣)
	·人間(인간)　·人工(인공)　·人名(인명)

一 한 일 (一) 총1획	막대기가 하나 놓인 모양.
	기억방법 | 하나(한)는 첫째고, 일(1)이다.
	참고 | 변조를 막기 위한 한자 – 壹(한 일 : 3급)
	·一同(일동)　·一生(일생)　·一年(일년)

日 날 일 (日) 총4획	해의 모양을 본뜬 글자.
	기억방법 | 날짜는 자꾸만 가고, 내일도 태양은 떠오른다.
	참고 | 모양이 비슷한 한자 → 曰(가로 왈 : 3급)
	·每日(매일)　·日記(일기)　·日氣(일기)

한자풀이(7·8급)

한자	획순 / 쓰기
邑 고을 **읍**	ㄱ ㅁ ㅁ 吊 吊 邑 邑 邑 고을 읍
二 두 **이**	二 二 두 이
人 사람 **인**	ノ 人 人 사람 인
一 한 **일**	一 一 한 일
日 날 **일**	ㅣ ㄇ 月 日 日 날 일

한자풀이(7·8급)

入

몸을 굽혀 안으로 들어가는 모양.

기억방법 | 들어가는 입구를 찾아라.

참고 | 반대 한자 ↔ 出(날 출)

들 입
(入) 총2획

· 入口(입구)　· 入室(입실)　· 入學(입학)

自

사람의 코를 정면으로 본 모양

기억방법 | 스스로 설 수 있게 자립해야 한다.

참고 | 반대 한자 ↔ 他(다를 타 : 5급)

스스로 자
(自) 총6획

· 自動(자동)　· 自然(자연)　· 自立(자립)

子

누워 있는 어린 아이의 모양.

기억방법 | 어린 아이는 내 아들이고, 참 효자이다.

참고 | 반대 한자 ↔ 女(계집 녀)

아들 자
(子) 총3획

· 子女(자녀)　· 子正(자정)　· 母子(모자)

字

宀(집 면) + 子(아들 자)

기억방법 | 집안의 아들처럼, 글자도 늘어나니 한자 공부 열심히 하자.

참고 | 모양이 비슷한 한자 → 宇(집 우 : 3급)

글자 자
(子) 총6획

· 字母(자모)　· 文字(문자)　· 漢字(한자)

長

彡(터럭 삼) + 衣(옷 의)

기억방법 | 긴 머리카락이 옷에 닿으면 장발이다.

참고 | 반대 한자 ↔ 短(짧을 단 : 6급)

긴 장
(長) 총8획

· 長女(장녀)　· 長文(장문)　· 校長(교장)

한자풀이(7·8급)

入	ノ入				
	入				
들 입	들입				

自	′ ′ ′ ′ 自 自				
	自				
스스로 자	스스로자				

子	⌐ 了 子				
	子				
아들 자	아들 자				

字	′ ′ ′ 字 字 字				
	字				
글자 자	글자 자				

長	｜ ｢ ｢ ｢ ｢ 토 툰 틋 長				
	長				
긴 장	긴 장				

한자풀이(7·8급)

場

마당 장
(土) 총12획

土(흙 토) + 昜(볕 양)

기억방법: 마당은 햇볕이 잘 들어오는 장소이다.

참고: 停留場(정류장), 運動場(운동장)

· 場面(장면)　· 場所(장소)　· 農場(농장)

電

번개 전
(雨) 총13획

雨(비 우) + 申(납 신, 펼 신)

기억방법: 비가 오면 번개치듯 빛이 퍼지니 전기가 흐른다.

참고: 電球(전구), 電線(전선)

· 電氣(전기)　· 電力(전력)　· 電話(전화)

全

온전 전
(入) 총6획

入(들 입) + 王(임금 왕, 구슬 옥)

기억방법: 구슬이 온전하게 들어오라고 전력을 다했다.

참고: 全部(전부), 全體(전체)

· 全國(전국)　· 全力(전력)　· 全面(전면)

前

앞 전
(刀) 총9획

止(그칠 지) + 舟(배 주) + 刀(칼 도)

기억방법: 그쳐 있는 배의 밧줄을 칼로 끊고 앞으로 전진한다.

참고: 반대 한자 ↔ 後(뒤 후)

· 前後(전후)　· 門前(문전)　· 午前(오전)

正

바를 정
(止) 총5획

止(그칠 지) + 一(한 일)

기억방법: 하나로 그쳐 바르(를)게, 정직하게 한다.

참고: 뜻이 비슷한 자 → 直(곧을 직)
正正堂堂(정정당당) – 바르고 떳떳하게

· 正面(정면)　· 正門(정문)　· 正直(정직)

한자풀이 (7·8급)

場 마당 장	一 十 ± ±' ±刀 ±刀 ±旦 ±旦 ±昜 場 場 場
	場 마당 장

電 번개 전	一 一 厂 戶 币 币 雨 雨 雷 雷 雷 雷 雷 電
	電 번개 전

全 온전 전	ノ 入 人 仐 仝 全
	全 온전 전

前 앞 전	丶 丷 广 广 计 前 前 前 前
	前 앞 전

正 바를 정	一 丁 下 正 正
	正 바를 정

弟
아우 제
(弓) 총7획

가죽 끈을 차례로 묶는 모양.

기억방법 | 아우와 제자는 가죽 끈을 묶고 있다.

참고 | 반대 한자 ↔ 兄(형 형)

· 弟夫(제부)　· 弟子(제자)　· 兄弟(형제)

祖
할아비 조
(示) 총10획

示(보일 시) + 且(또 차)

기억방법 | 할아비는 할아버지의 뜻이고, 조상이다.

참고 | 반대 한자↔孫(손자손 : 6급)

· 祖國(조국)　· 祖母(조모)　· 祖上(조상)

足
발 족
(足) 총7획

얼굴 아래 다리의 발 모양.

기억방법 | 손과 발을 수족이라 한다.

참고 | 반대 한자 ↔ 手(손 수)

· 不足(부족)　· 手足(수족)　· 自足(자족)

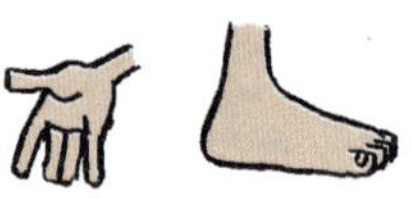

左
왼 좌
(工) 총5획

𠂇(손) + 工(장인 공)

기억방법 | 장인이 왼손으로 자(좌)를 들고 일한다.

참고 | 반대 한자 ↔ 右(오른 우)

· 左右(좌우)　· 左便(좌편)　· 左心室(좌심실)

主
주인 주
(丶) 총5획

등불의 모양.

기억방법 | 주인은 주로 촛불을 밝힌다.

참고 | 반대 한자 ↔ 客(손 객 : 5급)

· 主力(주력)　· 主食(주식)　· 主人(주인)

한자풀이(7 · 8급)

弟	丶丷丷兴兴弟弟
弟	弟
아우 제	아우 제

祖	一二亍亓示祀祀祖祖
祖	祖
할아비 조	할아비 조

足	丶口口口只足足
足	足
발 족	발 족

左	一ナ ナ 左 左
左	左
왼 좌	왼 좌

主	丶二 三 主 主
主	主
주인 주	주인 주

住

살 주
(人) 총7획

人(사람 인) + 主(주인 주)

기억방법 | 사람이 주인이 되어 살고 있는 주거지.

참고 | 現住所(현주소), 住宅(주택)

· 住民(주민)　· 住所(주소)　· 安住(안주)

中

가운데 중
(丨) 총4획

口(입 구) + 丨(뚫을 곤)

기억방법 | 가운데를 뚫으니 중앙통로가 되었다.

참고 | 百發百中(백발백중) : 꼭꼭 들어맞음.

· 中國(중국)　· 中心(중심)　· 中學(중학)

重

무거울 중
(里) 총9획

千(일천 천) + 里(마을 리)

기억방법 | 무거울수록 중요하지만 천리 길을 걸었다.

참고 | 반대 한자 ↔ 輕(가벼울 경 : 5급)

· 重大(중대)　· 重力(중력)　· 重心(중심)

紙

종이 지
(糸) 총10획

糸(실 사) + 氏(성씨 씨)

기억방법 | 종이는 실과 성씨가 특이한 사람이 만들고 지물이라 한다.

참고 | 新聞紙(신문지), 表紙(표지)

· 紙面(지면)　· 紙物(지물)　· 紙上(지상)

地

땅 지
(土) 총6획

土(흙 토) + 也(어조사 야)

기억방법 | 흙이 있어야 땅이지!

참고 | 반대 한자 ↔ 天(하늘 천)

· 地名(지명)　· 地方(지방)　· 地下(지하)

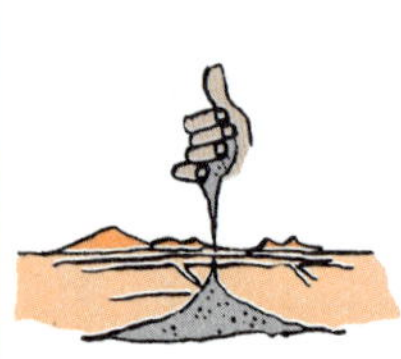

한자풀이(7·8급)

住	ノ イ 亻 亻 仁 住 住
住 살 주	住 살 주

中	丨 口 口 中
中 가운데 중	中 가운데 중

重	ノ 一 亼 ぢ 台 台 盲 盲 重 重
重 무거울 중	重 무거울 중

紙	乄 纟 纟 纟 糸 糸 紅 紅 紙 紙
紙 종이 지	紙 종이 지

地	一 十 土 圹 圠 地 地
地 땅 지	地 땅 지

直 곧을 직
(目) 총8획

十(열 십) + 目(눈 목)+ㄴ(받치다)

기억방법 열 개의 눈으로 받쳐 보니, 곧고(곧을) 바르게 직언할 수 있다.

참고 반대 한자↔曲(굽을 곡 : 5급)

· 直面(직면)　· 直前(직전)　· 直行(직행)

川 내 천
(川) 총3획

냇물이 흘러가는 모양.

기억방법 시냇(내)물이 천천히 흐른다.

참고 仁川(인천), 河川(하천)

· 名川(명천)　· 山川(산천)　· 春川(춘천)

千 일천 천
(十) 총3획

丿(삐칠 별) + 十(열 십)

기억방법 삐쳐나갈 정도로 열 개씩 많이 모으면 일 천, 천이 된다.

참고 千態萬象(천태만상) : 모든 사물이 제각기 다른 모습을 하고 있음.

· 千年(천년)　· 千里(천리)　· 千字文(천자문)

天 하늘 천
(大) 총4획

大(큰 대) + 一(한 일)

기억방법 하늘은 큰 대에다 하나를 더해서 만든 글자, 천이다.

참고 뜻이 비슷한 한자 → 空(빌 공), 반대 한자 ↔ 地(땅 지)

· 天地(천지)　· 天下(천하)　· 靑天(청천)

靑 푸를 청
(靑) 총8획

生(날 생) + 丹(붉을 단)

기억방법 초목이 나서 푸른(푸를) 청색이고 붉게 변한다.

참고 반대 한자↔紅(붉을 홍 : 4급)

· 靑軍(청군)　· 靑年(청년)　· 靑色(청색)

直	一 十 广 古 古 直 直 直
곧을 **직**	直 곧을 직

川	ノ 川 川
내 **천**	川 내 천

千	ノ 二 千
일천 **천**	千 일천 천

天	一 二 于 天
하늘 **천**	天 하늘 천

靑	一 二 キ 主 丰 靑 靑 靑
푸를 **청**	靑 푸를 청

草

풀 초
(艹) 총10획

艹(풀 초) + 早(이를 조)

기억방법 | 풀은 꽃보다 일찍 나오며 초목이 된다.

참고 | 藥草(약초), 雜草(잡초)

· 草家(초가)　· 草木(초목)　· 草地(초지)

寸

마디 촌
(寸) 총3획

손목과 맥박을 표시한 글자.

기억방법 | 손목의 마디처럼 삼촌과 가깝다.

참고 | 寸陰(촌음) : 얼마 안 되는 시간.

· 寸數(촌수)　· 四寸(사촌)　· 三寸(삼촌)

村

마을 촌
(木) 총7획

木(나무 목) + 寸(마디 촌)

기억방법 | 마을은 나무의 마디를 짤라 집을 지었으며, 촌장도 있었다.

참고 | 마을을 뜻하는 한자 → 邑(고을 읍), 里(마을 리), 洞(골 동)

· 村老(촌로)　· 村長(촌장)　· 江村(강촌)

秋

가을 추
(禾) 총9획

禾(벼 화) + 火(불 화)

기억방법 | 가을에 벼가 불에 익은 듯 황금빛으로 변하면 추수할 때이다.

참고 | 반대 한자 ↔ 春(봄 춘)

· 秋夕(추석)　· 立秋(입추)　· 春秋(춘추)

春

봄 춘
(日) 총9획

三(석 삼) + 人(사람 인) + 日(날 일)

기억방법 | 따뜻한 삼월은 사람들이 좋아하는 봄이고, 청춘의 계절이다.

참고 | 春秋(춘추) ┌ ① 봄과 가을
　　　　　　　　└ ② 남의 '나이'를 높여 이르는 말. 年歲(연세)

· 春秋(춘추)　· 立春(입춘)　· 青春(청춘)

草	` 丷 艹 艹 产 苎 苎 昔 草 草
풀 **초**	草 풀 초

寸	一 寸 寸
마디 **촌**	寸 마디 촌

村	一 十 才 木 村 村 村
마을 **촌**	村 마을 촌

秋	ノ ニ 千 禾 禾 利 秋 秋
가을 **추**	秋 가을 추

春	一 二 三 声 夹 夫 春 春 春
봄 **춘**	春 봄 춘

出 날 **출** (凵) 총5획	屮 (싹날 철) + 凵(입벌릴 감)	
	기억방법 싹이 입벌려 나오는 (날) **출**구 쪽을 봐라.	
	참고 반대 한자 ↔ 入(들 입)	
	·出口(출구)　·出國(출국)　·入出(입출)	

七 일곱 **칠** (一) 총2획	숫자 일곱 표시.	
	기억방법 일곱은 숫자로 **칠**(7)이다.	
	참고 北斗七星(북두칠성), 七旬(칠순)	
	·七十(칠십)　·七夕(칠석)　·七月(칠월)	

土 흙 **토** (土) 총3획	一(땅) + 十(싹)	
	기억방법 흙이 있는 땅에서 싹이 나오는 것을 관찰하는 날은 **토**요일이다.	
	참고 뜻이 비슷한 한자→地(땅 지), 모양이 비슷한 한자→士(선비 사 : 6급)	
	·土木(토목)　·土地(토지)　·國土(국토)	

八 여덟 **팔** (八) 총2획	막대기가 서로 나누어진 모양.	
	기억방법 여덟은 숫자로 **팔**(8)이다.	
	참고 八方美人(팔방미인) : 여러 방면에 능통한 사람.	
	·八道(팔도)　·八方(팔방)　·八月(팔월)	

便 편할 **편**, 똥오줌 **변** (人) 총9획	人(사람 인) + 更(고칠 경, 다시갱)	
	기억방법 사람이 고칠 것을 고치면 편하(**편할**)고 **편**리하다.	
	참고 簡便(간편), 郵便物(우편물)	
	·便所(변소)　·便安(편안)　·便紙(편지)	

한자풀이(7 · 8급)

MEMO

出	丨 凵 屮 出 出
	出
날 출	날 출

七	一 七
	七
일곱 칠	일곱 칠

土	一 十 土
	土
흙 토	흙 토

八	丿 八
	八
여덟 팔	여덟 팔

便	丿 亻 仁 仃 佰 佰 佰 便 便
	便
편할 편, 똥오줌 변	편할 편 똥오줌 변

國語愛

한자풀이(7·8급)

平

干(방패 간) + 八(여덟 팔)

기억방법 방패를 여덟으로 나누어 평평하(할)고 평화롭게 됨.

참고 모양이 비슷한 한자 → 乎(어조사 호 : 3급)

평평할 평
(干) 총5획

· 平面(평면)　· 平生(평생)　· 平地(평지)

下

一(땅) + ㅣ(아래) + ㅅ(점)

기억방법 땅 밑, 아래 점을 찍어 지하로 간다.

참고 반대 한자 ↔ 上(위 상)

아래 하
(一) 총3획

· 地下(지하)　· 下午(하오)　· 下車(하차)

夏

頁(머리 혈) + 夊(천천히 걸을 쇠)

기억방법 여름은 머리가 뜨거워 천천히 걸어 다니는 계절, 하계라고 한다.

참고 반대 한자 ↔ 冬(겨울 동)

여름 하
(夊) 총10획

· 夏冬(하동)　· 夏日(하일)　· 立夏(입하)

學

臼(양손) + 爻(효 효) + 冖(덮을 멱) + 子(아들 자)

기억방법 양손을 잡고 본받을 수 있도록 한 지붕 아래서 자식들이 배울 수 있는 곳이 학교이다.

참고 과학(科學), 유학(留學)

배울 학
(子) 총16획

· 學校(학교)　· 學生(학생)　· 入學(입학)

韓

倝(해돋을 간, 줄기 간 : 3급) + 韋(가죽 위)

기억방법 해돋는 쪽의 나라, 한국 대한민국이다.

참고 韓屋(한옥), 韓服(한복)

한국 한
(韋) 총17획

· 韓國(한국)　· 韓食(한식)　· 大韓(대한)

平	一 ァ 厂 万 平
평평할 **평**	평평할 평

下	一 T 下
아래 **하**	아래 하

夏	一 一 丆 冂 冃 百 百 盲 夏 夏
여름 **하**	여름 하

學	臼 臼 與 學 學 學
배울 **학**	배울 학

韓	一 十 十 古 古 吉 直 卓 卓 韓 韓 韓 韓 韓
한국 **한**	한국 한

한자풀이(7·8급)

漢 한나라 한 (水) 총14획	水(물 수) + 菫(진흙 근)	
	기억방법	진흙이 많은 중국 양자강을 한수라고 하며 은나라를 세워, 한자를 쓰게 하였다.
	참고	惡漢(악한), 南漢山城(남한산성)
	·漢江(한강) ·漢字(한자) ·漢文(한문)	

海 바다 해 (水) 총10획	水(물 수) + 每(매양 매)	
	기억방법	바다는 물이 항상 있는 해양이다.
	참고	반대 한자 ↔ 陸(뭍 륙 : 5급)
	·海面(해면) ·海水(해수) ·東海(동해)	

兄 형 형 (儿) 총5획	口(입 구) + 儿(어진사람 인)	
	기억방법	형제 중에 형은 말을 어질게 한다.
	참고	반대 한자 ↔ 弟(아우 제)
	·兄弟(형제) ·兄夫(형부) ·學兄(학형)	

花 꽃 화 (艸) 총8획	⺿(풀 초) + 化(될 화)	
	기억방법	꽃은 풀이 자라서 된 화초이다.
	참고	花盆(화분), 造花(조화)
	·花草(화초) ·花木(화목) ·國花(국화)	

火 불 화 (火) 총4획	타오르는 불꽃의 모양.	
	기억방법	불의 힘을 화력이라 한다.
	참고	火災(화재), 火曜日(화요일)
	·火山(화산) ·火力(화력) ·火車(화차)	

한자풀이(7·8급)

漢	漢 `丶丶氵氵汁汁汁汁荁荁荁漢漢`
한나라 한	한나라 한

海	海 `丶丶氵氵汇汏海海海海`
바다 해	바다 해

兄	兄 `丶口口尸兄`
형 형	형 형

花	花 `丶丶丱丱艹艹花花`
꽃 화	꽃 화

火	火 `丶丶丷少火`
불 화	불 화

한자풀이(7 · 8급)

話

말씀 화
(言) 총13획

言(말씀 언) + 舌(혀 설)

기억방법 | 혀가 있어야 말씀을 잘하는 화술이 생긴다.

참고 | '말'이란 뜻의 한자 : 言(말씀언 : 6급)

· 口話(구화)　　· 手話(수화)　　· 電話(전화)

活

살 활
(水) 총9획

氵(물 수) + 舌(혀 설)

기억방법 | 혀가 물에 닿으면 생기가 돌고 살아 활동할 수 있다.

참고 | 반대 한자 ↔ 死(죽을사 : 6급)

· 活動(활동)　　· 生活(생활)　　· 活氣(활기)

孝

효도 효
(子) 총7획

老(늙을 로) + 子(아들 자)

기억방법 | 늙으신 부모님을 아들이 업고 가니, 효도하는 효자구나!

참고 | 忠孝思想(충효사상), 孝誠(효성)

· 孝子(효자)　　· 孝心(효심)　　· 不孝(불효)

後

뒤 후
(彳) 총9획

彳(간다) + 幺(작을 요) + 夂(뒤쳐올 치)

기억방법 | 작게 뒤쳐져 가는 사람은 낙후된다.

참고 | 반대 한자 ↔ 先(먼저 선)

· 後方(후방)　　· 後日(후일)　　· 先後(선후)

休

쉴 휴
(人) 총6획

人(사람 인) + 木(나무 목)

기억방법 | 사람이 나무 그늘 아래서 쉴 수 있는 휴일이다.

참고 | 休息(휴식), 公休日(공휴일)

· 休日(휴일)　　· 休紙(휴지)　　· 休學(휴학)

한자풀이(7·8급)

국어 사랑 기초 초등 漢字 150字

話	`丶 一 ニ ㇗ 言 言 言 訐 訐 訐 話 話`
말씀 **화**	話
	말씀 화

活	`丶 丶 氵 氵 汒 汗 汗 活 活 活`
살 **활**	活
	살 활

孝	`一 十 土 少 耂 孝 孝`
효도 **효**	孝
	효도 효

後	`丿 彳 彳 彳 泎 徉 徉 後 後`
뒤 **후**	後
	뒤 후

休	`丿 亻 亻 什 休 休`
쉴 **휴**	休
	쉴 휴

메모

4. 책 속의 국어 사전(國語辭典)

- 국어 사전이란? 국어 단어들을 일정한 차례로 배열하여, 국어로 알기 쉽게 풀이하여 놓은 것이다.

- 이 책에는 7·8급 150 자(字)의 범위 내에서 한자어(漢字語)의 낱말을 쉽게 가나다순으로 배열하였다.

- 독음(讀音)쓰기 공부로 한글을 정확히 익히는 데 목적이 있다.

- 실전에서는 독음 문제와 뜻풀이 문제, 더 나아가서는 완성형 문제까지 연습할 수 있다.

책 속의 국어 사전(國語辭典)

- **家家門前**(가가문전)　집집의 문 앞.
- **家事**(가사)　집안 살림에 관한 일.
- **歌手**(가수)　노래를 부르는 일을 직업으로 삼는 사람.
- **家長**(가장)　가족의 생활을 맡아 다스리는 사람.
- **家和萬事成**(가화만사성)　집안이 화목하면 모든 일이 잘 풀림.
　　(和 화할 화 : 6급, 成 이룰 성 : 6급)
- **間食**(간식)　식사 시간 외에 먹는 음식.
- **江南**(강남)　강의 남쪽.
- **江山**(강산)　강과 산.
- **江村**(강촌)　강가의 마을.
- **空間**(공간)　아무것도 없이 비어 있음.
- **空軍**(공군)　공중에서 전투를 벌이거나 지상의 적을 공격하는 군대.
- **空氣**(공기)　지구를 감싸고 있는 무색 투명한 기체. 대기(大氣).

잠깐! TEST

漢字語		독음쓰기	漢字語		독음쓰기
江	村		空	軍	
間	食		家	事	
歌	手		江	山	
家	長		江	南	

- **空白**(공백)　아무것도 없이 비어 있음.
- **工夫**(공부)　학문이나 기술을 닦거나 배움.
- **工事**(공사)　토목이나 건축의 일.
- **工事場**(공사장)　공사를 하고 있는 곳.
- **空然**(공연)**히**　까닭이나 필요가 없이.
- **工場**(공장)　상품을 만들어 내는 곳.
- **工場長**(공장장)　공장의 책임자.
- **空中**(공중)　하늘과 땅 사이의 빈 곳.
- **工學**(공학)　공업에 관한 이론이나 기술을 연구하는 학문.
- **校歌**(교가)　그 학교의 교풍을 드러내고 이를 떨치고자 제정한 노래.
- **校內**(교내)　학교 안 ↔ 교외(校外)
- **敎大**(교대)　'교육대학교'의 준말.
- **校名**(교명)　학교 이름.
- **校門**(교문)　학교의 정문.
- **敎生**(교생)　교육 실습생.
- **校時**(교시)　학교 수업 시간의 단위.
- **敎室**(교실)　학교에서 주로 수업에 쓰는 방.

잠깐! TEST

漢字語	독음쓰기	漢字語	독음쓰기
工　夫		工　場	
敎　室		工　事	
空　氣		空　白	
校　內		校　門	

- **校外**(교외)　학교 밖. ↔ 교내(校內)
- **教育**(교육)　지식을 가르치고 인격과 체력을 기름.
- **教育家**(교육가)　교육에 종사하는 사람.
- **教育學**(교육학)　교육에 관한 이론을 연구하는 학문.
- **教育漢字**(교육한자)　한문교육용 기초 한자.
- **教人**(교인)　종교를 믿는 사람.
- **校長**(교장)　학교의 최고 어른.
- **校正**(교정)　잘못된 것을 원고대로 고침.
- **九萬里長天**(구만리장천)　아득히 멀고 먼 하늘.
- **九十月**(구시월)　9월과 10월.
- **國家**(국가)　영토, 국민, 주권이 있는 독립적인 사회 집단.
- **國歌**(국가)　나라가 상징하고 대표하는 노래로서 그 나라가 제정한 노래.
- **國軍**(국군)　우리 나라의 군대.
- **國旗**(국기)　한 나라를 상징하는 기.
- **國內**(국내)　나라 안.
- **國內外**(국내외)　나라의 안과 밖.
- **國道**(국도)　정부가 관리하는 주요한 도로.
- **國力**(국력)　경제력, 군사력, 외교력 같은 나라의 힘.
- **國立**(국립)　나라가 세우고 관리함.
- **國立大學**(국립대학)　나라에서 세운 후 관리하는 대학.

잠깐! TEST

漢字語	독음쓰기	漢字語	독음쓰기
國　力		校　長	
國　內		國　立	
國　軍		國　家	
校　正		教　育	

- 國名(국명)　나라의 이름.
- 國文字(국문자)　우리 나라의 글자.
- 國文學(국문학)　우리 나라의 말과 글로 된 고유의 문학.
- 國民(국민)　한 나라를 구성하고 있는 사람.
- 國民歌手(국민가수)　국민적인 사랑을 받는 가수.
- 國手(국수)　장기나 바둑 따위의 기량이 나라에서 으뜸인 사람.
- 國語(국어)　우리 나라의 언어. 한국어.
- 國王(국왕)　나라의 임금.
- 國有地(국유지)　나라 소유의 땅.
- 國學(국학)　자기 나라의 전통적인 민속, 사상, 문학, 예술 등을 연구하는 학문.
- 國花(국화)　나라의 상징으로 삼고 국민들이 사랑하고 아끼는 꽃.
- 軍歌(군가)　군인의 사기를 높이기 위하여 군인들에게 보급한 노래.
- 軍旗(군기)　군의 부대를 나타내기 위한 깃발.
- 軍氣(군기)　군의 사기.
- 軍民(군민)　군인과 민간인.
- 軍事力(군사력)　군사나 군비 따위를 종합한 전쟁 수행 능력.
- 金石文字(금석문자)　옛날의 비석이나 종 등에 새겨진 글자.
- 氣道(기도)　숨길. 공기가 폐로 들어가는 길.
- 氣力(기력)　일을 감당할 수 있는 힘.
- 記名(기명)　이름을 적음.

잠깐! TEST

漢字語	독음쓰기	漢字語	독음쓰기
國　王		國　名	
國　民		軍　歌	
國　語		氣　力	
國　學		軍　民	

- 記事(기사)   신문이나 잡지 등에 실어 알리는 글.
- 氣色(기색)   생각이나 감정 따위가 얼굴빛으로 나타나 보이는 것.
- 記入(기입)   기록, 기재.
- 南國(남국)   남쪽에 있는 나라.
- 南男北女(남남북녀)   남자는 남쪽에, 여자는 북쪽에 잘난 사람이 많이 난다고 하여 예부터 이르던 말.
- 男女老少(남녀노소)   남자와 여자, 늙은이와 어린이, 곧 모든 사람.
- 南大門(남대문)   숭례문. 국보 1호.
- 南方(남방)   남쪽 방향.
- 南北(남북)   남쪽과 북쪽.
- 南村(남촌)   남쪽에 있는 마을.
- 南韓(남한)   휴전선으로 한국을 나누어 볼 때 남쪽 부분의 한국.
- 南海(남해)   남쪽바다.
- 內國民(내국민)   자기 나라의 국적을 가진 사람.
- 內面(내면)   안쪽.
- 內心(내심)   속마음.
- 內外(내외)   안팎.
- 內外國(내외국)   자기 나라와 다른 나라.
- 來韓(내한)   한국에 옴.
- 老父母(노부모)   늙은 부모.

잠깐! TEST

漢字語	독음쓰기	漢字語	독음쓰기
記　事		內　外	
記　入		南大門	
內　心		南　韓	
來　韓		老父母	

- **農家**(농가)　농업에 종사하는 사람의 집.
- **農工**(농공)　농업과 공업.
- **農林**(농림)　농업과 임업.
- **農民**(농민)　농업에 종사하는 사람.
- **農夫歌**(농부가)　농부가 부르는 노래.
- **農事**(농사)　곡식이나 채소를 심고 거두는 일.
- **農地**(농지)　농사짓는 데 쓰이는 땅.
- **農村**(농촌)　농사짓는 사람들이 주민의 대부분인 마을.
- **答紙**(답지)　답안지.
- **大家**(대가)　전문적인 분야에서 깊이 있는 능력을 쌓은 사람.
- **大氣**(대기)　공기.
- **大道**(대도)　큰길.
- **大門**(대문)　집의 정문.
- **大文字**(대문자)　큰 체로 쓴 글자.
- **大小事**(대소사)　크고 작은 모든 일.
- **大韓民國**(대한민국)　우리 나라의 공식 이름. 대한(大韓). 한국(韓國).
- **大海**(대해)　드넓은 바다.
- **道中**(도중)　길 가운데.
- **同氣**(동기)　형제자매.
- **動力**(동력)　활동의 근원이 되는 힘.

잠깐! TEST

漢字語		독음쓰기	漢字語		독음쓰기
農	事		大韓民國		
農	村		大	門	
農	家		動	力	
大	氣		同	氣	

- **同名**(동명)　같은 이름.
- **洞名**(동명)　동네 이름.
- **同門**(동문)　같은 학교 출신자. 동창.
- **東門**(동문)　동쪽 문.
- **東問西答**(동문서답)　물음에 대하여 전혀 딴판으로 엉뚱하게 대답함을 가리키는 말.
- **動物**(동물)　움직이는 생물. 짐승.
- **洞民**(동민)　동에 사는 사람.
- **東方**(동방)　동쪽 지역.
- **同色**(동색)　빛깔이 같음. 같은 빛깔.
- **東西南北**(동서남북)　모든 방위. 사방.
- **同姓**(동성)　같은 성씨.
- **同姓同名**(동성동명)　성과 이름이 같음.
- **同時**(동시)　같을 때. 같은 시간.
- **動植物**(동식물)　동물과 식물.
- **洞長**(동장)　동(洞)의 사무를 통찰하는 사람.
- **東學**(동학)　천도교. 최제우가 일으킨 민족 종교.
- **登校**(등교)　학교에 감.
- **登記**(등기)　기록하여 올림.
- **登山**(등산)　산에 오름.

잠깐! TEST

漢字語	독음쓰기	漢字語	독음쓰기
同　時		登　記	
登　山		東　門	
同　色		東　方	
動　物		東西南北	

- **萬國旗**(만국기)　세계 여러 나라의 국기.
- **萬年**(만년)　매우 오랜 세월.
- **萬里長天**(만리장천)　아득히 높고 먼 하늘. 구만리장천(九萬里長天).
- **萬物**(만물)　온갖 사물.
- **萬民**(만민)　모든 백성. 나라의 모든 사람들.
- **萬方**(만방)　여러 방면. 모든 곳. 백방(百方).
- **萬百姓**(만백성)　모든 백성. 나라의 모든 사람들.
- **萬事**(만사)　온갖 사물.
- **萬人**(만인)　아주 많은 사람. 모든 사람.
- **每年**(매년)　해마다.
- **每事**(매사)　하나하나의 일. 모든 일.
- **每月**(매월)　달마다.
- **每日**(매일)　그날그날.
- **面長**(면장)　면(面)의 행정을 관장하는 사람.
- **面前**(면전)　눈 앞.
- **名文**(명문)　매우 잘 지은 글.
- **名物**(명물)　그 지방의 이름난 산물.
- **名山**(명산)　이름난 산.
- **名色**(명색)　이름과 허울. 실질 내용은 없고 이름뿐임.
- **名所**(명소)　이름난 곳. 많이 알려진 곳.

잠깐! TEST

漢字語	독음쓰기	漢字語	독음쓰기
萬百姓		萬物	
名山		面前	
萬人		名物	
每日		萬國旗	

- **名人**(명인)　어떤 기예에 뛰어나 이름난 사람. 달인.
- **名場面**(명장면)　멋진 장면. 훌륭한 장면.
- **母校**(모교)　자기가 졸업한 학교. 출신 학교.
- **母國**(모국)　조국(祖國). (외국에 나간 사람의) 자기가 태어난 나라.
- **母國語**(모국어)　자기 나라의 말.
- **母女**(모녀)　어머니와 딸.
- **母子**(모자)　어머니와 아들.
- **木工**(목공)　나무를 다루어 물건을 만드는 일.
- **木石**(목석)　나무와 돌.
- **木手**(목수)　나무로 집을 짓거나 물건을 만드는 것을 전문으로 하는 사람.
- **文教**(문교)　학문이나 교육으로 사람을 가르치는 일.
- **問答**(문답)　물음과 대답함.
- **門外漢**(문외한)　문밖의 사람이라는 말로, 그 일에 대하여 전문적인 지식이 없거나 관계가 없는 사람.
- **文人**(문인)　주로 문학 활동을 하는 사람. 문필가.
- **文字**(문자)　글자.
- **門下生**(문하생)　스승의 밑에서 배우는 사람.
- **文學**(문학)　생각이나 감정을 상상의 힘을 빌려 글자로 나타낸 예술과 그 작품.
- **民間**(민간)　일반 국민의 사회.

잠깐! TEST

漢字語	독음쓰기	漢字語	독음쓰기
門 外 漢		母　　國	
文　　教		母　　女	
民　　間		文　　人	
木　　手		文　　學	

- **民話**(민화)　　민간에 전해 내려오는 이야기.
- **方道**(방도)　　어떤 일을 치러 나갈 길이나 방법.
- **方面**(방면)　　방향이나 생각하는 분야.
- **方便**(방편)　　수단이나 방편.
- **百家**(백가)　　여러 학자.
- **白軍**(백군)　　운동경기에서 양편을 나눌 때, 흰빛으로 상징되는 편.
- **白金**(백금)　　쇠붙이 가운데 가장 무거운 은백색의 귀금속 원소.
- **白旗**(백기)　　흰 깃발의 기.
- **百年**(백년)　　오랜 세월. 많은 해.
- **百萬**(백만)　　매우 많은 수.
- **百方**(백방)　　여러 방법.
- **百姓**(백성)　　국민.
- **百人百色**(백인백색)　　사람마다 다 특색이 있음.
- **白日場**(백일장)　　글짓기 실력을 겨루는 공개 행사.
- **百日天下**(백일천하)　　백일 동안 정권을 잡고 누린다는 말로, 짧은 기간 동안 전권(全權)을 잡았다가 물러나는 것을 빗대어 이르는 말.
- **白日靑天**(백일청천)　　해가 비치고 맑게 갠 파란 하늘.
- **白紙**(백지)　　흰 종이.
- **百花**(백화)　　온갖 꽃.
- **父女**(부녀)　　아버지와 딸.

잠깐! TEST

漢字語	독음쓰기	漢字語	독음쓰기
百　姓		方　面	
父　女		民　話	
白　紙		白　軍	
百　家		白日　場	

- **不動**(부동)　움직이지 않음.
- **父母**(부모)　아버지와 어머니. 어버이. 양친(兩親).
- **夫人**(부인)　남의 '아내'를 일컫는 말.
- **父子**(부자)　아버지와 아들.
- **不正**(부정)　바르지 않음.
- **不足**(부족)　모자람.
- **北門**(북문)　북쪽으로 난 문.
- **北方**(북방)　북쪽.
- **北上**(북상)　북쪽으로 올라감.
- **北韓**(북한)　휴전선 이북의 한국. ↔ 남한(南韓).
- **不老長生**(불로장생)　늙지 않고 오래오래 삶.
- **不問**(불문)　물어서 밝히지 아니함.
- **不世出**(불세출)　사람의 몹시 뛰어난 그와 비슷한 사람은 세상에 다시 태어날 수 없음.
- **不時**(불시)　뜻하지 아니한 때.
- **不安**(불안)　마음이 편안하지 아니함.
- **不安全**(불안전)　안전하지 못함.
- **不出**(불출)　외출하지 아니함. 못나고 어리석은 사람.
- **不便**(불편)　편리하지 아니함.
- **不平**(불평)　마음에 들지 아니하여 못마땅한 말이나 행동을 함. 또는 그런 행동.

잠깐! TEST

漢字語	독음쓰기	漢字語	독음쓰기
父　母		父　子	
不　平		不安全	
北　韓		不　便	
不　安		不　動	

- **不學**(불학)　배우지 아니함.
- **不孝**(불효)　효도를 하지 아니함.
- **四面**(사면)　네 쪽의 면.
- **事物**(사물)　일과 물건.
- **四方八方**(사방팔방)　모든 방면.
- **四十**(사십)　마흔.
- **四五月**(사오월)　사월이나 오월.
- **四日**(사일)　나흘. 나흗날.
- **事前**(사전)　일이 벌어지기 전. ↔ 사후(事後).
- **四足**(사족)　짐승의 네 발.
- **四寸**(사촌)　아버지의 친형제의 아들딸과 자기와의 관계.
- **四海**(사해)　사방이 바다.
- **山間**(산간)　산과 산 사이. 산골짜기로 된 곳.
- **山林**(산림)　산과 숲.
- **山所**(산소)　무덤이 있는 곳.
- **山水**(산수)　자연의 경치.
- **山中**(산중)　산속.
- **山地**(산지)　산이 많은 지대.
- **山川**(산천)　산과 내.
- **山川草木**(산천초목)　산, 내, 물, 나무를 통틀어 이르는 말. 자연.

잠깐! TEST

漢字語	독음쓰기	漢字語	독음쓰기
山　林		事　前	
山　水		不　孝	
山川草木		四　十	
四　寸		不　學	

- **山村(산촌)**　산속 마을.
- **山海(산해)**　산과 바다.
- **山花(산화)**　산에 핀 꽃.
- **三國(삼국)**　고구려, 백제, 신라, 세 나라.
- **三男(삼남)**　셋째 아들이나 세 아들.
- **三道(삼도)**　부모에 대한 세 가지 효도.

　　① 살아서 봉양(奉養)하고 ② 돌아가실 때 근신하고 ③ 제사를 모시는 일. 삼행(三行).

- **三三五五(삼삼오오)**　몇몇 사람이 여기저기 무리지어 다님.
- **三十(삼십)**　서른.
- **三日天下(삼일천하)**　사흘 동안 천하를 차지한다는 말로, 아주 짧은 기간 동안 전권(全權)을 잡았다가 곧 무너짐을 가리키는 말.
- **三重(삼중)**　세 가지가 겹치는 일.
- **三千里江山(삼천리강산)**　우리 나라의 강산.
- **三寸(삼촌)**　아버지의 형제인 사람.
- **上空(상공)**　높은 하늘이나 어떤 지역의 바로 위쪽 하늘.
- **上記(상기)**　위나 앞에 적음.
- **上氣(상기)**　(놀라거나 흥분되어) 얼굴이 화끈 달아오름.
- **上同(상동)**　위에 적힌 것과 같음.
- **上水道(상수도)**　마시거나 먹는 데 쓰이는 물을 이끌어 오는 시설.
- **上午(상오)**　오전(午前). ↔ 하오(下午).

잠깐! TEST

漢字語		독음쓰기	漢字語		독음쓰기
上	記		三	國	
三	寸		三	重	
三	十		上	午	
山	村		山	花	

- **上場**(상장)　주식이나 채권을 거래소에 등록함.
- **上春**(상춘)　이른 봄.
- **上下**(상하)　위아래.
- **生家**(생가)　그 사람이 태어난 집.
- **生物**(생물)　스스로 생명 활동을 하는 사물. ↔ 무생물(無生物).
- **生色**(생색)　남에게 어떤 도움을 준 일로 낯이 나는 일.
- **生水**(생수)　먹는 샘물. 맑은 샘물.
- **生食**(생식)　음식을 익히지 않고 날로 먹음.
- **生育**(생육)　낳아서 기름.
- **生日**(생일)　태어난 날.
- **生長**(생장)　나서 자라나거나 큼.
- **生前**(생전)　살아 있는 동안.
- **生花**(생화)　살아 있는 꽃나무에서 꺾은 꽃. ↔ 조화(造花).
- **生活**(생활)　살아서 활동함.
- **生活力**(생활력)　어려움을 극복하고 살아서 자라나는 힘.
- **生活下水**(생활하수)　가정에서 버리는 하수.
- **生後**(생후)　태어난 뒤.
- **西山**(서산)　서쪽의 산.
- **先金**(선금)　미리 치르는 돈.
- **先山**(선산)　조상의 무덤.

잠깐! TEST

漢字語	독음쓰기	漢字語	독음쓰기
生　活		生　前	
先　金		生　後	
生　水		上　場	
生　日		生　物	

- **先生**(선생)　남을 가르치는 사람. 교사(教師).
- **先祖**(선조)　한집안의 조상.
- **先天**(선천)　태어날 때부터 몸에 지님. ↔ 후천(後天).
- **先學**(선학)　먼저 학문을 연구하는 사람. ↔ 후학(後學).
- **先後**(선후)　앞과 뒤. 먼저와 나중.
- **姓名**(성명)　성과 이름.
- **世間**(세간)　사람들이 사는 곳. 세상(世上).
- **世上萬事**(세상만사)　세상의 온갖 일.
- **世上人心**(세상인심)　세상 사람들의 마음씨.
- **世人**(세인)　세상 사람.
- **少女**(소녀)　아직 성년이 되지 못한 여자 아이.
- **少年**(소년)　아직 성년이 되지 못한 남자 아이.
- **少年家長**(소년가장)　어버이나 아버지가 계시지 않아 소년의 몸으로 가족의 생계를 맡게 된 아이.
- **小農**(소농)　가족끼리 짓는 소규모의 농사.
- **小文字**(소문자)　서양문자에서 작은 꼴 문자. ↔ 대문자(大文字).
- **小數**(소수)　작은 수.
- **少數**(소수)　많지 않은 수효. 적은 수.
- **小食**(소식)　음식을 적게 먹음.
- **小心**(소심)　대담하지 못학고 겁이 많음. 조심성이 많음.

잠깐! TEST

漢字語	독음쓰기	漢字語	독음쓰기
先　生		小　食	
先　天		小　文　字	
少　女		姓　名	
世　上		先　祖	

- **所有**(소유) 가지고 있음.
- **所長**(소장) 연구소나 출장소의 우두머리.
- **所重**(소중) 매우 귀중함.
- **手工**(수공) 손으로 하는 공예.
- **手記**(수기) 자신의 체험을 자기가 직접 적은 글.
- **手旗**(수기) 손에 들고 흔들 수 있는 작은 기.
- **水道**(수도) 물길.
- **手動**(수동) 손으로 움직임. ↔ 자동(自動).
- **水面**(수면) 물의 표면. 물 위.
- **水上**(수상) 물 위. 물의 상류.
- **水生植物**(수생식물)   물 속에서 자라는 식물. 수중식물(水中植物)
- **水石**(수석) 물과 돌. 물과 돌로 이루어진 자연 경치
- **手足**(수족) 손과 발. 손발처럼 마음대로 부리는 사람.
- **水車**(수차) 물레방아.
- **水草**(수초) 물풀.
- **水平**(수평) 잔잔한 수면처럼 평평한 모양.
- **手下**(수하) 손아래. 부하(部下).
- **數學**(수학) 수량 및 도형의 성질이나 관계를 연구하는 학문.
- **手話**(수화) 손가락이나 손짓으로 하는 말.
- **時間**(시간) 어떤 시각에서 다른 시각까지의 동안. 또는 그 길이.

잠깐! TEST

漢字語	독음쓰기	漢字語	독음쓰기
所　有		手　動	
時　間		水　軍	
手　工		數　學	
手　記		時　間	

- **市内**(시내)　도시의 안. ↔ 시외(市外).
- **市立**(시립)　시(市)에서 설립하고 관리하는 일.
- **市民**(시민)　시의 주민.
- **時事**(시사)　그때그때 정세나 일어난 일.
- **時日**(시일)　때와 날.
- **市長**(시장)　시(市)를 대표하는 우두머리.
- **市場**(시장)　여러 상품을 팔고 사는 곳. 저자.
- **食口**(식구)　같은 집에서 식사를 함께 하며 사는 사람.
- **植木日**(식목일)　해마다 나무를 심기를 정한 4월 5일.
- **植物**(식물)　뿌리가 땅 속에 심겨진 상태로 사는 생물. ↔ 동물(動物).
- **食事**(식사)　끼니로 음식을 먹는 일.
- **食生活**(식생활)　먹는 생활.
- **食水**(식수)　식용으로 쓰는 물.
- **食言**(식언)　약속을 지키지 아니함.
- **食前**(식전)　밥을 먹기 전. ↔ 식후(食後).
- **食後**(식후)　식사가 끝난 후. ↔ 식전(食前).
- **室内**(실내)　방 안. ↔ 실외(室外).
- **室外**(실외)　바깥. ↔ 실내(室內).
- **心氣**(심기)　마음으로 느끼는 기분.
- **心力**(심력)　마음과 힘.

잠깐! TEST

漢字語		독음쓰기	漢字語			독음쓰기
市	內		食		口	
市	長		植	木	日	
市	立		食	生	活	
時	事		室		內	

- **十年工夫**(십년공부)　오랜 세월을 두고 한 공부.
- **十里**(십리)　약 4km의 거리를 가리키는 단위.
- **十長生**(십장생)　죽지 않고 오래 산다는 사물 열 가지.(해, 산, 물, 돌, 구름, 솔, 불로초, 거북, 학, 사슴)
- **十中八九**(십중팔구)　'열 가운데 여덟이나 아홉이 그러하다' 는 뜻으로 거의 모두가 그렇다는 뜻을 나타내는 말.
- **安心**(안심)　마음을 편히 가짐.
- **安全**(안전)　탈이나 위험이 없음.
- **語文**(어문)　말과 글.
- **年間**(연간)　한 해 동안.
- **年金**(연금)　일정 기간 또는 죽을 때까지 해마다 지급하는 일정 금액의 돈.
- **年上**(연상)　나이가 위임. ↔ 연하(年下).
- **年少**(연소)　나이가 어림. ↔ 연로(年老).
- **年中**(연중)　한 해 동안.
- **年下**(연하)　나이가 아래임.
- **午前**(오전)　정오(正午)가 되기 전의 시간. 상오(上午) ↔ 오후(午後)
- **午後**(오후)　정오 이후의 시간. 하오(下午). ↔ 오전(午前)
- **王國**(왕국)　왕이 다스리는 나라.
- **王室**(왕실)　왕의 집안. 왕가(王家).
- **王子**(왕자)　임금의 아들.

잠깐! TEST

漢字語	독음쓰기	漢字語	독음쓰기
十中八九		午　後	
安　全		年　金	
年　間		王　國	
午　前		王　子	

- **外家**(외가)　어머니의 친정(親庭).
- **外國**(외국)　자기 나라 이외의 나라.
- **外國語**(외국어)　다른 나라의 말.
- **外國人**(외국인)　다른 나라 사람.
- **外來語**(외래어)　한자어 이외의 다른 언어로부터 빌려 마치 국어처럼 쓰는 낱말.
- **外面**(외면)　겉면. 바깥 면.
- **外三寸**(외삼촌)　어머니의 남자 형제. 외숙(外叔).
- **外食**(외식)　밖에서 먹는 식사.
- **外祖父**(외조부)　외할아버지.
- **外出**(외출)　볼일을 보러 밖으로 나감.
- **月間**(월간)　한 달 동안.
- **有名**(유명)　이름이 널리 알려짐. ↔ 무명(無名).
- **育林**(육림)　산이나 들에 계획적으로 나무를 심고 숲을 가꿈.
- **二世**(이세)　다음 세대(世代).
- **二重**(이중)　두 겹. 중복.
- **人間**(인간)　사람. 인류(人類).
- **人工**(인공)　사람의 힘으로 만듦.
- **人口**(인구)　일정한 지역 안에 사는 사람의 수.

잠깐! TEST

漢字語	독음쓰기	漢字語	독음쓰기
人　間		外　家	
人　工		外　來　語	
有　名		外　三　寸	
育　林		外　食	

- **人氣**(인기)　어떤 대상에 쏠리는 적극적인 관심이나 호감.
- **人氣人**(인기인)　대중의 환심을 많이 사고 있는 사람.
- **人道**(인도)　사람이 다니는 길.
- **人力**(인력)　사람의 힘.
- **人力車**(인력거)　사람을 태우고, 사람의 힘으로 끄는 수레.
- **人名**(인명)　사람의 이름.
- **人文**(인문)　인류와 문화.
- **人物**(인물)　뛰어난 사람. 인재(人才). 사람의 생김새나 됨됨이.
- **人事**(인사)　만나는 사람끼리 예를 표하는 일.
- **人山人海**(인산인해)　사람이 산과 바다를 이룬 것처럼 많이 모인 상태.
- **人生**(인생)　사람이 이 세상을 살아가는 일. 삶.
- **人心**(인심)　사람의 마음.
- **一家**(일가)　한집안. 한 가족.
- **日記**(일기)　그날그날 겪은 일이나 느꼈던 것을 적은 개인의 기록.
- **日氣**(일기)　날씨.
- **一同**(일동)　집단이나 단체에 속한 모든 사람.
- **一問一答**(일문일답)　하나의 질문에 한 번 답변함.
- **一生**(일생)　(한 사람의) 살아 있는 동안. 평생(平生).
- **一時**(일시)　한 때. 동시(同時).
- **日時**(일시)　날짜와 시간.

잠깐! TEST

漢字語		독음쓰기	漢字語		독음쓰기
人	氣		人	物	
人	道		日	時	
人	名		日	記	
人	事		日	氣	

- **日食(일식)**　일본식의 음식이나 요리.
- **一心(일심)**　여럿이 한 마음이 됨.
- **日月(일월)**　해와 달.
- **一人(일인)**　한 사람.
- **一日三秋(일일삼추)**　하루가 세 해처럼 길게 느껴짐.
- **日字(일자)**　어떤 날짜.
- **日出(일출)**　해돋이. ↔ 일몰(日沒).
- **入口(입구)**　들어가는 어귀. ↔ 출구(出口).
- **入金(입금)**　들어오는 돈. ↔ 출금(出金).
- **入冬(입동)**　겨울에 들어선다는 이십사 절기의 하나.
- **入力(입력)**　자료를 저장하거나 처리하는 일. ↔ 출력(出力).
- **入門(입문)**　어떤 학문을 배우려고 처음 들어감.
- **入山(입산)**　산에 들어감. ↔ 하산(下山).
- **入手(입수)**　손에 들어오거나 손에 넣음.
- **入室(입실)**　방에 들어감.
- **入場(입장)**　회의 장소나 식장 안에 들어감.
- **立場(입장)**　처지에 따라 생각하거나 보는 방향이나 의견.
- **入住(입주)**　(아파트나 집에) 들어가 삶.
- **立地(입지)**　땅이 갖추고 있는 여러 조건.
- **立秋(입추)**　가을이 시작된다고 생각하는 이십사 절기의 하나.

잠깐! TEST

漢字語	독음쓰기	漢字語	독음쓰기
日　月		入　口	
一日三秋		立　冬	
日　出		入　力	
日　字		立　秋	

- **立春**(입춘)　계절이 봄으로 들어간다고 생각하는 24 절기의 첫째 절기.
- **入出**(입출)　수입과 지출.
- **立夏**(입하)　이십사 절기의 하나, 이때부터 여름이라 생각함.
- **入學**(입학)　학교에 들어가 그 학교의 학생이 됨. ↔ 졸업(卒業).
- **自動**(자동)　(기계 따위가) 제 힘으로 움직임. ↔ 수동(手動)
- **自動門**(자동문)　자동으로 여닫게 만들어진 문.
- **自動車**(자동차)　엔진의 힘으로 움직이는 차를 통틀어 말함.
- **自力**(자력)　자기 혼자의 힘.
- **自立**(자립)　자기의 힘으로 해 나감.
- **自問**(자문)　스스로 자신에게 물음.
- **自問自答**(자문자답)　스스로 묻고 스스로 답함.
- **自白**(자백)　자기의 비밀을 털어놓음.
- **自生**(자생)　식물이 자연히 싹터서 자라는 일.
- **自生植物**(자생식물)　산과 들에서 저절로 자라는 식물.
- **自手成家**(자수성가)　물려 받은 재산 없이 자기 스스로의 힘으로 어엿한 살림을 이룩함.(成 이룰 성 – 6급)
- **自然**(자연)　스스로 이루어지거나 생기는 모든 현상.
- **自然食**(자연식)　자연 그대로의 식품.
- **子弟**(자제)　아드님.
- **自足**(자족)　남에게 빌리거나 의지하지 않을 만큼 넉넉함.

잠깐! TEST

漢字語	독음쓰기	漢字語	독음쓰기
自　　然		自　動　門	
自　　生		自　　立	
入　　出		自問自答	
入　　學		立　　春	

- **自主**(자주)　스스로 자기의 일에 주인이 됨.
- **長男**(장남)　맏아들.
- **長女**(장녀)　맏딸.
- **場面**(장면)　어떤 장소에서 벌어진 광경.
- **場所**(장소)　무엇이 있는 곳.
- **長子**(장자)　맏아들.
- **長足**(장족)　빠른 걸음. 발전하는 속도가 매우 빠름.
- **全國**(전국)　나라 전체. 온 나라.
- **全國民**(전국민)　국민 전체.
- **電氣**(전기)　전자의 흐름으로 생기는 에너지.
- **前記**(전기)　앞에 기록함.
- **全力**(전력)　모든 힘.
- **電力**(전력)　전기 에너지의 양.
- **全面**(전면)　모든 부분.
- **前面**(전면)　앞쪽 면. ↔ 후면(後面)
- **電文**(전문)　전보의 글귀.
- **全文**(전문)　글의 전체.
- **前文**(전문)　앞쪽 부분의 글.
- **全心**(전심)　온 마음.
- **全人**(전인)　모든 것을 고루 갖춘 원만한 인격자.

잠깐! TEST

漢字語		독음쓰기	漢字語		독음쓰기
長	男		電	氣	
自	主		全	面	
場	所		全	文	
全	國		全	人	

• **全人教育**(전인교육)　사람으로서 갖추어야 할 정서와 지식, 성격 등을 고루 가르치고 지도하는 교육.

• **全日**(전일)　하루 종일.

• **全長**(전장)　전체의 길이.

• **電話**(전화)　전화기로 말을 주고 받는 일.

• **前後**(전후)　전(前)과 후(後). 앞뒤.

• **正答**(정답)　맞는 답. ↔ 오답(誤答).

• **正道**(정도)　올바른 길. 바른 도리.

• **正面**(정면)　마주 바라보이는 쪽.

• **正門**(정문)　건물 앞쪽에 있는 문. ↔ 후문(後門)

• **正月**(정월)　음력으로 1월을 가리키는 말.

• **正字**(정자)　또박또박 바르게 쓴 글자.

• **正直**(정직)　마음이 바르고 곧음.

• **弟夫**(제부)　아우의 남편. ↔ 형부(兄夫).

• **弟子**(제자)　스승의 가르침을 받은 사람.

• **祖國**(조국)　자기가 태어난 나라. 모국(母國).

• **祖母**(조모)　할머니.

• **祖父母**(조부모)　할아버지와 할머니.

• **祖上**(조상)　선인(先人). 선조(先祖).

• **主動**(주동)　어떤 일을 주장(主張)하여 행동함.

잠깐! TEST

漢字語	독음쓰기	漢字語	독음쓰기
全人敎育		電　話	
正　字		正　直	
祖　國		正　月	
正　面		祖　上	

- **主力**(주력)　중심이 되는 세력.
- **住民**(주민)　어느 지역에 계속적으로 사는 사람. 거주민(居住民).
- **住所**(주소)　살고 있는 곳. 거주지(居住地).
- **主食**(주식)　주된 음식. ↔ 부식(副食).
- **主語**(주어)　문장의 주체가 되는 말.
- **主人**(주인)　물건의 임자.
- **中間**(중간)　사이. 가운데. 중앙(中央).
- **重大**(중대)　아주 중요함.
- **重力**(중력)　지구가 부근에 있는 물체를 중심 방향으로 끌어 당기는 힘.
- **中世**(중세)　고대와 근세의 중간 시기.
- **中小**(중소)　규모나 수준 따위가 중간 또는 그 아래임.
- **中食**(중식)　점심.
- **重心**(중심)　무게 중심.
- **中心**(중심)　한가운데. 한복판.
- **中學校**(중학교)　초등교육 졸업 후 중등교육을 하는 학교.
- **中學生**(중학생)　중학교에 다니는 학생.
- **地上**(지상)　땅 위. 지면(地面).
- **地主**(지주)　땅의 임자.
- **地平**(지평)　대지의 평면.
- **地下**(지하)　땅 밑. 땅속.

잠깐! TEST

漢字語	독음쓰기	漢字語	독음쓰기
主　語		重　力	
住　民		中　心	
住　所		中學生	
主　食		地　下	

- **地下道**(지하도)　땅 밑을 뚫어 낸 길.
- **地下水**(지하수)　땅 밑에 고여 있는 천연의 물.
- **地下室**(지하실)　지면(地面)보다 낮은 곳에 만들어 놓은 방.
- **地學**(지학)　지구에 관하여 연구하는 학문.
- **直立**(직립)　똑바로 섬.
- **直心**(직심)　곧은 마음.
- **直前**(직전)　바로 앞. ↔ 직후(直後).
- **直下**(직하)　바로 그 아래.
- **直後**(직후)　바로 그 뒤. ↔ 직전(直前)
- **車內**(차내)　차(車)의 안.
- **車道**(차도)　차가 다니는 길.
- **車主**(차주)　자동차의 임자.
- **車便**(차편)　차가 오가는 편.
- **天國**(천국)　하늘나라. 이상적인 세계.
- **千年**(천년)　오랜 세월.
- **千里**(천리)　썩 먼 거리.
- **天理**(천리)　하늘의 이치. (理 다스릴리 – 6급)
- **天上天下**(천상천하)　온 우주. 온 세상.
- **天生**(천생)　저절로 생겨남.
- **天然**(천연)　자연 그대로의 상태.

잠깐! TEST

漢字語	독음쓰기	漢字語	독음쓰기
地 下 道		天　　然	
地 下 水		直　　後	
直　　前		車　　主	
天 上 天 下		車　　道	

- **天然物(천연물)**　자연적으로 이루어진 사물.
- **天然色(천연색)**　만물이 자연스럽게 가지고 있는 여러 빛깔.
- **千字文(천자문)**　한자 천 자를 쉽게 배울 수 있도록 4자씩 250구절로 지어 놓은 글.
- **天地(천지)**　하늘과 땅. 세상. 우주.
- **天下(천하)**　온 세상.
- **靑年(청년)**　젊은이.
- **靑山(청산)**　푸른 산.
- **靑色(청색)**　파란색. 푸른색.
- **靑少年(청소년)**　10대 후반의 젊은이. 청년과 소년.
- **靑天(청천)**　파란 하늘.
- **靑春(청춘)**　젊고 건강한 시절.
- **草家三間(초가삼간)**　세 칸으로 된 초가. 규모가 썩 작은 초가. 삼간초가(三間草家).
- **草食(초식)**　푸성귀나 풀만 먹음. 채식(菜食). ↔ 육식(肉食).
- **村家(촌가)**　시골 집.
- **寸數(촌수)**　친족간에 멀고 가까운 정도를 나타내는 수.
- **秋夕(추석)**　한가위. 음력 8월 15일을 명절로 이르는 말.
- **春秋(춘추)**　① 봄과 가을. ② 남의 '나이'를 높이어 이르는 말. 연세(年歲). ③ 세월.
- **出口(출구)**　입구로 나가는 어귀.

잠깐! TEST

漢字語	독음쓰기	漢字語	독음쓰기
千 字 文		靑 少 年	
天 　 地		靑 　 春	
靑 　 年		春 　 秋	
靑 　 山		秋 　 夕	

- **出國**(출국)　나라 밖으로 나감. ↔ 입국(入國).
- **出金**(출금)　돈을 꺼냄. ↔ 입금(入金).
- **出動**(출동)　활동하기 위하여 목적지로 떠남.
- **出力**(출력)　컴퓨터가 처리한 자료나 정보를 내보여 주는 일. ↔ 입력(入力)
- **出生**(출생)　사람이 태어남.
- **出生地**(출생지)　태어난 곳.
- **出世**(출세)　사회적으로 높이 되거나 유명해짐.
- **出所**(출소)　교도소에서 풀려남.
- **出市**(출시)　상품이 시장에 나옴.
- **出入**(출입)　드나듦.
- **出入口**(출입구)　출구와 입구.
- **出場**(출장)　어떤 장소에 나감.
- **出土**(출토)　땅에서 파냄.
- **七夕**(칠석)　'음력으로 7월 7일' 밤을 명절로 이르는 말.
- **八道江山**(팔도강산)　우리 나라 전국의 강과 산.
- **八不出**(팔불출)　몹시 어리석은 사람을 이르는 말.
- **便安**(편안)　편안하고 좋음.
- **平面**(평면)　평평한 표면.
- **平生**(평생)　일생이 다하도록.
- **平安**(평안)　무사하여 걱정이 없음.

잠깐! TEST

漢字語	독음쓰기	漢字語	독음쓰기
出　動		平　生	
出生地		便　安	
出　土		平　面	
七　夕		八道江山	

- **平日**(평일)　보통 날. 평소. 평상시.
- **平正**(평정)　공평하고 올바름.
- **平地**(평지)　바닥이 펀펀한 땅.
- **下校**(하교)　학생이 학교 수업을 마치고 학교를 나옴. ↔ 등교(登校).
- **下問**(하문)　윗사람이 아랫사람에게 물음.
- **下水道**(하수도)　하수가 흘러가도록 만든 도랑이나 시설.
- **下午**(하오)　낮 12시부터 밤 12시까지의 동안. 오후(午後).
- **下人**(하인)　사내종과 계집종.
- **夏日**(하일)　여름날.
- **下直**(하직)　먼길을 떠날 때 웃어른에게 작별을 고하는 일.
- **下車**(하차)　승객이 기차나 자동차 따위에서 내림. ↔ 승차(乘車).
- **學校**(학교)　교육 시설을 갖추고 일정한 기간 지속적으로 교육을 시키는 기관.
- **學校長**(학교장)　학교의 교육과 행정을 책임지는 우두머리.
- **學內**(학내)　학교 안.
- **學年**(학년)　한 해를 단위로 하여 구분하는 학습 시간, 또는 단계.
- **學力**(학력)　학습하여 얻은 능력.
- **學問**(학문)　배워서 익힌 지식. 학식(學識). 배우고 물음.
- **學父母**(학부모)　학생의 부모.
- **學父兄**(학부형)　학생의 부형. 학생의 보호자.
- **學事**(학사)　학교 교육과 경영에 관계되는 모든 일.

잠깐! TEST

漢字語	독음쓰기	漢字語	독음쓰기
學 校 長		學　問	
學　年		下　車	
學 父 母		平　地	
學 父 兄		下　校	

- **學生**(학생)　학교에서 배우는 사람.
- **學兄**(학형)　학우(學友)나 학문상의 선후배끼리 서로 높여 이르는 말.
- **漢江**(한강)　한국 중부에 있는 강. 한수. 한가람.
- **韓國**(한국)　대한민국(大韓民國)의 준말.
- **韓國語**(한국어)　한국인들이 쓰는 말.
- **漢文**(한문)　한자로 기록된 글.
- **漢文學**(한문학)　한문을 연구하는 학문.
- **韓方**(한방)　중국에서 들어와 한국에서 발달한 의술.
- **韓食**(한식)　한국식 음식이나 식사.
- **韓人**(한인)　한국 사람. 조선 사람.
- **漢字**(한자)　중국어를 기록하는 글자.
- **漢字語**(한자어)　국어 가운데 한자의 음과 뜻을 빌려 만들어진 낱말.
- **韓中**(한중)　한국과 중국.
- **海軍**(해군)　바다에서 배를 타고 싸움에 임하는 군대나 군인.
- **海女**(해녀)　해산물을 따는 일을 하는 여자.
- **海東**(해동)　'바다의 동쪽' 의 뜻으로 우리 나라를 일컫던 말.
- **海里**(해리)　바다에서의 거리를 나타내는 단위.
- **海面**(해면)　바다의 표면.
- **海物**(해물)　해산물(海産物).
- **海上**(해상)　바다 위.

잠깐! TEST

漢字語	독음쓰기	漢字語	독음쓰기
漢　江		海　東	
韓　國		海　女	
韓國語		海　上	
韓　食		韓　方	

- **海外**(해외)　바다의 밖, 곧 외국(外國).
- **海草**(해초)　바다에서 자라는 풀을 통틀어 이르는 말.
- **火山**(화산)　땅 속의 용암이 밖으로 터져 나와 쌓임으로써 이루어진 산.
- **話中**(화중)　대화의 중간. 말하고 있는 사이.
- **花草**(화초)　꽃이 피는 풀과 나무.
- **活氣**(활기)　활발한 기세나 기개.
- **活動**(활동)　힘차게 몸을 움직임.
- **活動家**(활동가)　주변성이 많고 활동을 잘하는 사람.
- **活力**(활력)　생기 있는 힘.
- **活字**(활자)　인쇄용 글자나 인쇄된 글자.
- **活火山**(활화산)　분화(噴火) 활동을 하고 있는 화산. 분화 : 용암 따위를 내뿜는 일.
- **孝女**(효녀)　효성스러운 딸.
- **孝道**(효도)　어버이를 잘 섬김.
- **孝心**(효심)　효성스런 마음.
- **孝子**(효자)　어버이를 잘 섬기는 아들.
- **孝子門**(효자문)　효자를 표창하기 위하여 세운 문.
- **後記**(후기)　책의 맨 끝에 적은 글.
- **後年**(후년)　몇 해가 지난 뒤.
- **後面**(후면)　뒷면. ↔ 전면(前面).
- **後門**(후문)　뒷문. ↔ 정문(正門).

잠깐! TEST

漢字語		독음쓰기	漢字語		독음쓰기
海	外		活	力	
海	草		孝	道	
火	山		後	門	
活	氣		後	記	

- **後方**(후방)　뒤쪽. 뒤에 있는 지역.
- **後事**(후사)　뒷일. 죽은 뒤의 일.
- **後三國**(후삼국)　신라 말의 '신라 · 후백제 · 태봉의 삼국'을 이르는 말.
- **後生**(후생)　자기보다 뒤에 태어난 사람.
- **後世**(후세)　뒤의 세상.
- **後手**(후수)　바둑이나 장기에서 상대편이 두는 수에 따라서 이끌려 두는 수.
　　↔ 선수(先手).
- **後食**(후식)　식사를 마친 뒤에 간단히 먹는 먹거리. 디저트.
- **後日**(후일)　뒷날. ↔ 전일(前日).
- **後場**(후장)　오후의 증권 시장. ↔ 전장(前場).
- **後天**(후천)　태어난 뒤에 형성됨. ↔ 선천(先天).
- **後便**(후편)　뒤쪽.
- **後學**(후학)　후진의 학자. ↔ 선학(先學).
- **休校**(휴교)　학교의 수업과 업무를 한동안 하지 않고 쉼.
- **休日**(휴일)　공식적으로 일을 하지 않고 쉬는 날.
- **休電**(휴전)　전류를 한때 보내지 않음.
- **休學**(휴학)　학생이 개인 사정으로 일정 기간 학업을 쉼.
- **休火山**(휴화산)　한 때 화산 활동을 한 적이 있으나 지금은 하지 않고 있는 화산, 언제가 다시 활동할 지 모른는 화산임. 쉬는 화산.

잠깐! TEST

漢字語	독음쓰기	漢字語	독음쓰기
休　日		後　食	
休　學		休　校	
休 火 山		後　便	
後　天		後　世	

메모

5. 한자 급수 대비 요약 정리

1 반의어(反義語)

2 동의어(同義語)

3 동음이의어(同音異義語)

4 고사성어(古事成語)

5 두음법칙(頭音法則)

6 약자(略字)

7 어려운 부수(部首)

1 반의어(反義語)

시험전략

▌ 반의어는 반대말이나 반대어란 뜻이다.

▌ 相對語(상대어) : 뜻이 상대되는 말. 예 하늘과 땅

▌ 반의어끼리 낱말을 이루고 있어 두 글자씩 기억하면 쉽다.

▌ 반의어 문제는 8급 시험에는 출제되지 않고, 7급부터 출제됨.

▌ 시험 문제 (예 다음 한자의 상대어 또는 반의어를 보기에서 골라 그 번호를 쓰세요.)

- **江山(강산)** : 江(강 강) ↔ 山(메 산)
- **空海(공해)** : 空(빌 공) ↔ 海(바다 해)
- **教學(교학)** : 教(가르칠 교) ↔ 學(배울 학)
- **國家(국가)** : 國(나라 국) ↔ 家(집 가)
- **男女(남녀)** : 男(사내 남) ↔ 女(계집 녀)
- **南北(남북)** : 南(남녘 남) ↔ 北(북녘 북)
- **内外(내외)** : 内(안 내) ↔ 外(바깥 외)
- **老少(노소)** : 老(늙을 로) ↔ 少(젊을 소)
- **大小(대소)** : 大(큰 대) ↔ 小(작을 소)
- **東西(동서)** : 東(동녘 동) ↔ 西(서녘 서)
- **登下(등하)** : 登(오를 등) ↔ 下(아래 하)
- **母女(모녀)** : 母(어미 모) ↔ 女(계집 녀)
- **問答(문답)** : 問(물을 문) ↔ 答(대답 답)
- **物心(물심)** : 物(물건 물) ↔ 心(마음 심)
- **父母(부모)** : 父(아비 부) ↔ 母(어미 모)
- **父子(부자)** : 父(아비 부) ↔ 子(아들 자)
- **山川(산천)** : 山(메 산) ↔ 川(내 천)

- **山海(산해)** : 山(메 산) ↔ 海(바다 해)
- **上下(상하)** : 上(위 상) ↔ 下(아래 하)
- **先後(선후)** : 先(먼저 선) ↔ 後(뒤 후)
- **手足(수족)** : 手(손 수) ↔ 足(발 족)
- **水火(수화)** : 水(물 수) ↔ 火(불 화)
- **日月(일월)** : 日(날 일) ↔ 月(달 월)
- **子女(자녀)** : 子(아들 자) ↔ 女(계집 녀)
- **前後(전후)** : 前(앞 전) ↔ 後(뒤 후)
- **左右(좌우)** : 左(왼 좌) ↔ 右(오른 우)
- **地空(지공)** : 地(땅 지) ↔ 空(빌 공)
- **天地(천지)** : 天(하늘 천) ↔ 地(땅 지)
- **草木(초목)** : 草(풀 초) ↔ 木(나무 목)
- **春秋(춘추)** : 春(봄 춘) ↔ 秋(가을 추)
- **出入(출입)** : 出(날 출) ↔ 入(들 입)
- **夏冬(하동)** : 夏(여름 하) ↔ 冬(겨울 동)
- **兄弟(형제)** : 兄(형 형) ↔ 弟(아우 제)

2 동의어(同義語)

시험전략

▎동의어는 뜻이 같은 말이다.

▎유의어(類義語) : 뜻이 비슷한 말.

▎7·8급 배정 한자 내에서는 동의어가 적다.

▎동의어 문제는 6급 시험부터 출제된다.

- **算數**(산수) : 算(셈 산) → 數(셈 수)
- **正直**(정직) : 正(바를 정) → 直(곧을 직)
- **土地**(토지) : 土(흙 토) → 地(땅 지)

3 동음이의어(同音異義語)

시험전략

▎동음이의어는 뜻은 다르면서도 글자의 소리가 같은 한자어를 말한다.

▎동음어(同音語)라고도 한다.

▎7급까지는 출제되지 않고 6급부터 출제된다.

- **校長**(교장) : 학교 교, 어른 장. → 학교의 최고 어른.
  敎場(교장) : 가르칠 교, 마당 장. → 가르치는 곳.
- **軍氣**(군기) : 군사 군, 기운 기 → 군의 사기.
  軍旗(군기) : 군사 군, 기 기 → 군대의 깃발.
- **同名**(동명) : 한가지 동, 이름 명. → 같은 이름.
  洞名(동명) : 골 동, 이름 명. → 동네 이름.
- **同門**(동문) : 한가지 동, 문 문. → 동창.
  東門(동문) : 동녘 동, 문 문. → 동쪽 문.
- **冬天**(동천) : 겨울 동, 하늘 천. → 겨울 하늘.
  東天(동천) : 동녘 동, 하늘 천. → 동쪽 하늘.
  動天(동천) : 움직일 동, 하늘 천. → 하늘을 움직임. 하늘을 감동시킴.

- **問答**(문답) : 물을 문, 대답 답. → 물음과 대답.
  文答(문답) : 글월 문, 대답 답. → 글로 써서 대답.
- **白花**(백화) : 흰 백, 꽃 화. → 흰색의 꽃.
  百花(백화) : 일백 백, 꽃 화. → 온갖 꽃.
- **事物**(사물) : 일 사, 물건 물. → 일과 물건.
  四物(사물) : 넉 사, 물건 물. → 농악의 네 악기.
- **山水**(산수) : 메 산, 물 수. → 산과 물. 경치.
  算數(산수) : 셈 산, 셈 수. → 숫자를 셈함.
- **山火**(산화) : 메 산, 불 화. → 산불.
  山花(산화) : 메 산, 꽃 화 → 산에 핀 꽃.
- **上記**(상기) : 위 상, 기록할 기. → 위에 적음.
  上氣(상기) : 위 상, 기운 기. → 얼굴이 화끈 달아오름.
- **上長**(상장) : 위 상, 어른 장. → 윗사람.
  上場(상장) : 위 상, 마당 장. → 거래소에 등록함.
- **小數**(소수) : 작을 소, 셈 수. → 작은 수.
  少數(소수) : 적을 소, 셈 수. → 많지 않은 수. 적은 수.
- **手記**(수기) : 손 수, 기록할 기. → 체험을 직접 적은 글.
  手旗(수기) : 손 수, 기 기. → 손으로 흔드는 작은 기.
- **市長**(시장) : 저자 시, 긴 장. → 시의 우두머리.
  市場(시장) : 저자 시, 마당 장. → 물건을 사고 파는 곳.
- **植物**(식물) : 심을 식, 물건 물. → 땅 속에 심은 상태로 사는 생물.
  食物(식물) : 먹을 식, 물건 물. → 먹을거리.
- **人名**(인명) : 사람 인, 이름 명. → 사람의 이름.
  人命(인명) : 사람 인, 목숨 명. → 사람의 목숨.
- **日記**(일기) : 날 일, 기록할 기. → 일기장.
  日氣(일기) : 날 일, 기운 기. → 날씨.
- **一時**(일시) : 한 일, 때 시. → 잠시.
  日時(일시) : 날 일, 때 시. → 날짜와 시간.
- **一人**(일인) : 한 일, 사람 인. → 한 사람.
  日人(일인) : 날 일, 사람 인. → 일본 사람.

- **一日**(일일) : 한 일, 날 일. → 하루.
  日日(일일) : 날 일, 날 일. → 날마다. 매일.
- **日字**(일자) : 날 일. 글자 자. → 어떤 날짜.
  一字(일자) : 한 일, 글자 자. → 한 글자.
- **入敎**(입교) : 들 입, 가르칠 교. → 어떤 종교를 믿기 시작함.
  入校(입교) : 들 입, 학교 교. → (정식 교육 기관이 아닌 특수한) 학교에 들어감.
- **入場**(입장) : 들 입, 마당 장. → 식장 안으로 들어감.
  立場(입장) : 설 립, 마당 장. → 처지.
- **電氣**(전기) : 번개 전, 기운 기. → 전깃불.
  前記(전기) : 앞 전, 기록할 기. → 앞의 기록.
- **全力**(전력) : 온전 전, 힘 력. → 모든 힘.
  電力(전력) : 번개 전, 힘 력. → 전기 에너지의 양.
- **全文**(전문) : 온전 전, 글월 문. → 글의 전체.
  前文(전문) : 앞 전, 글월 문. → 앞부분의 글.
  電文(전문) : 번개 전, 글월 문. → 전보의 글귀.
- **全日**(전일) : 온전 전, 날 일. → 하루 종일.
  前日(전일) : 앞 전, 날 일. → 전 날.
- **電火**(전화) : 번개 전, 불 화. → 번갯불.
  電話(전화) : 번개 전, 말씀 화. → 전화기로 말함.
- **中心**(중심) : 가운데 중, 마음 심. → 한가운데.
  重心(중심) : 무거울 중, 마음 심. → 무게 중심.
- **千里**(천리) : 일천 천, 마을 리. → 먼 거리.
  天理(천리) : 하늘 천, 다스릴 리. → 하늘의 이치.
- **下敎**(하교) : 아래 하, 가르칠 교. → 아랫사람을 가르침.
  下校(하교) : 아래 하, 학교 교. → 수업을 마치고 학교를 나옴.

시험전략 한자 동음이의어(同音異義語)는 7급 한자의 독음 문제, 훈음 문제, 뜻풀이 등, 전반적인 활용으로 공부해 두면 좋다.

시험전략

▌고사성어를 중심으로 공부하되 일상생활에 필요한 한자 낱말 등이 시험에 출제된다.

▌고사성어나 한자숙어는 대부분의 4글자씩 구성됨.(사자성어라고도 함)

고사성어는 그 유래가 있어 재미 있고, 옛 조상들의 슬기로운 점도 배울 수 있다. 한자 단계가 높아질수록 고사성어도 늘어나니 기초단계부터 완전하게 익혀 두자.

▌**熟語**(숙어)란 둘 이상의 낱말이 합쳐져 하나의 낱말처럼 쓰이는 말이다.

- **각인각색**(各人各色) : 사람이 마음이 각각 다름.   各(각각 각 – 6급)
- **견물생심**(見物生心) : 실물을 보면 욕심이 생김.   見(볼 견 – 5급)
- **구사일생**(九死一生) : 여러 차례 죽을 고비를 넘기고 겨우 살아남. 死(죽을 사 – 6급)
- **난형난제**(難兄難弟) : (누구를 형이라 하고, 누구를 아우라고 하여야 할지 분간이 어려움) 둘이 서로 크기나 능력이 비슷함.   難(어려울 난 – 4급)
- **동문서답**(東問西答) : 물음에 대하여 엉뚱한 대답.
- **문전성시**(門前成市) : 집 앞에 시장을 이룬 것처럼 찾아오는 사람이 많음. 成(이룰 성 – 6급)
- **백년대계**(百年大計) : 먼 장래를 내다보고 세우는 계획.   計(셀 계 – 6급)
- **백면서생**(白面書生) : 글만 읽고 세상일에는 경험이 없음.

  ※ 백면(白面)은 나이가 어려 얼굴이 흰 사람. 경험이 없다는 뜻으로 바뀜. 書(글 서 – 6급)

- **백발백중**(百發百中) : ① 활을 쏠 때마다 과녁에 적중함. ② 계획이나 예상 따위가 꼭꼭 들어맞음.   發(필 발 – 6급)
- **백사불성**(百事不成) : 모든 일이 다 이루어지지 않음.   成(이룰 성 – 6급)
- **백인백색**(百人百色) : 사람마다 특색이 있음.
- **백일천하**(百日天下) : 짧은 기간 동안 권세를 누림.
- **불문곡직**(不問曲直) : 옳고 그름을 따져 묻지 않음.   曲(굽을 곡 – 6급)
- **안심입명**(安心立命) : 마음을 편안히 갖고 어떤 일에도 흔들리지 않음.
- **여출일구**(如出一口) : 한 입에서 나오는 것이 같음. 如(같을 여 – 4급), 이구동성(異口同聲).
- **일일삼추**(一日三秋) : 몹시 애태우며 기다림.
- **일장일단**(一長一短) : 장점도 있고 단점도 있음.   短(짧을 단 – 6급)
- **초록동색**(草綠同色) : 같은 처지의 무리끼리 어울림.   綠(푸를 록 – 6급)

5 두음법칙(頭音法則)

국어 사랑 기초 초등 漢字 150字

시험전략

▋**두음법칙**이란 우리말에서 음절의 첫 소리에 어떤 소리가 오는 것을 꺼리는 법칙으로 주로 'ㄴ', 'ㄹ'이 다른 소리로 발음된다.

▋답안 작성시 두음법칙을 지키지 않거나, 국어 표기법이 맞지 않으면 오답처리한다.

① **女**(계집 녀) (여) 女同生(여동생)　女子(여자)　女學生(여학생)
　　　　　　　 (녀) 男女(남녀)　　子女(자녀)　　長女(장녀)

② **年**(해 년) (연) 年代(연대)　　年度(연도)　　年歲(연세)
　　　　　　 (년) 少年(소년)　　六學年(육학년)　青年(청년)

③ **力**(힘 력) (역) 力道(역도)　　力士(역사)　　力說(역설)
　　　　　　 (력) 水力(수력)　　火力(화력)　　强力(강력)

④ **六**(여섯 륙) (육) 六二五(육이오)
　　　　　　　 (륙) 五六(오륙)

⑤ **里**(마을 리) (이) 里長(이장)　　里程標(이정표)
　　　　　　　 (리) 洞里(동리)　　五里(오리)　　千里(천리)

⑥ **林**(수풀 림) (임) 林業(임업)
　　　　　　 (림) 山林(산림)　　樹林(수림)

⑦ **立**(설 립) (입) 立身(입신)　　立志(입지)　　立法(입법)
　　　　　　 (립) 孤立(고립)　　獨立(독립)　　成立(성립)

⑧ **來**(올 래) (내) 來年(내년)　　來歷(내력)　　來往(내왕)
　　　　　　 (래) 未來(미래)　　本來(본래)　　往來(왕래)

⑨ **老**(늙을 로) (노) 老母(노모)　　老人(노인)　　老化(노화)
　　　　　　 (로) 敬老(경로)　　養老院(양로원)　元老(원로)

6 약자(略字)

시험전략

▌ 약자란 글자의 획수를 줄여서 간단하게 만든 한자이다.
일본에서는 약자가 공식적으로 쓰이고 있으며, 중국인들은 약자보다 더 간소화된 글자를 쓰고 있다. 문자 개혁에 따라 자형(字形)을 간략하게 고친 한자를 간체자(簡體字) 또는 간자(簡字)라고 말하며 이를 많이 사용하고 있다.

우리나라에서는 주로 정자(正字)를 쓰는 것을 원칙으로 하고 있다.

▌ 시험 준비 : 약자를 답으로 요구하지 않는 문제에서 정자 대신 약자로 답안을 작성해도 정답으로 인정된다. 꼭 답안작성을 약자로 요구하는 문제에서는 반드시 약자를 써야 정답으로 인정된다.

▌ 급수 대비 : 7급이나 8급 문제에서 약자를 쓰라는 문제는 출제되지 않으며, 한자를 배우는 기초단계부터 정자와 비교하면서 약자를 기억해 두면 차후 급수 대비에 있어서 매우 수월하다.

▌ 참고로 약자 시험문제는 5급부터 출제된다.

▌ 150자 범위 내에서 약자가 있는 한자는 다음과 같다.

한 자	예
• 敎 (教) 가르칠 교	教室(교실), 教育(교육)
• 國 (国) 나라 국	国民(국민), 韓国(한국)
• 氣 (気) 기운 기	活気(활기), 気色(기색)
• 來 (来) 올 래	来日(내일), 来年(내년)
• 萬 (万) 일만 만	万民(만민), 万国(만국)
• 數 (数) 셈 수	数学(수학), 算数(산수)
• 學 (学) 배울 학	学校(학교), 学生(학생)

國語愛

7 어려운 부수(部首)

구어 사랑 기초 초등 漢字 150字

시험전략

▌ 부수는 앞의 214 자 부수 한자와 150 자 훈음 공부과정에서 이미 공부했기 때문에 여기서는 어렵다고 생각되는 부수만 요약 정리한다.

▌ 참고로 8급에서 5급까지는 부수 문제는 출제되지 않는다. 공부하는 한자의 수가 많아질 것을 대비해 미리 준비해 두는 것이 좋다.

한 자	부 수	한 자	부 수
① 工(장인 공)	工(장인 공)	⑯ 每(매양 매)	毋(말 무)
② 空(빌 공)	穴(구멍 혈)	⑰ 面(낯 면)	面(낯 면)
③ 敎(가르칠 교)	攴(칠 복)	⑱ 母(어미 모)	毋(말 무)
④ 九(아홉 구)	乙(새 을)	⑲ 白(흰 백)	白(흰 백)
⑤ 軍(군사 군)	車(수레 거·차)	⑳ 北(북녘 북)	匕(비수 비)
⑥ 氣(기운 기)	气(기운 기)	㉑ 四(넉 사)	口(입 구)
⑦ 南(남녘 남)	十(열 십)	㉒ 事(일 사)	亅(갈고리 궐)
⑧ 內(안 내)	入(들 입)	㉓ 生(날 생)	生(날 생)
⑨ 女(계집 녀)	女(계집 녀)	㉔ 西(서녘 서)	襾(덮을 아)
⑩ 年(해 년)	干(방패 간)	㉕ 世(인간 세)	一(한 일)
⑪ 同(한가지 동)	口(입 구)	㉖ 五(다섯 오)	二(두 이)
⑫ 來(올 래)	人(사람 인)	㉗ 午(낮 오)	十(열 십)
⑬ 老(늙을 로)	老(늙을 로)	㉘ 邑(고을 읍)	邑(고을 읍)
⑭ 六(여섯 륙)	八(여덟 팔)	㉙ 字(글자 자)	子(아들 자)
⑮ 里(마을 리)	里(마을 리)	㉚ 全(온전 전)	入(들 입)

7급 시험 시험 시간 : 50분 합격점 : 49점(70점만점)

국어 사랑 기초 초등 漢字 150字

1. 다음 漢字語(한자어)의 讀音(독음)을 쓰세요.(1~32)

> 보기
>
> # 漢字 → 한자

(1) 市長 (　　　)　　(2) 歌手 (　　　)　　(3) 重大 (　　　)

(4) 南海 (　　　)　　(5) 農夫 (　　　)　　(6) 漢江 (　　　)

(7) 登校 (　　　)　　(8) 學生 (　　　)　　(9) 國家 (　　　)

(10) 白旗 (　　　)　　(11) 電力 (　　　)　　(12) 洞里 (　　　)

(13) 靑色 (　　　)　　(14) 草木 (　　　)　　(15) 日記 (　　　)

(16) 北韓 (　　　)　　(17) 文敎 (　　　)　　(18) 百萬 (　　　)

(19) 住所 (　　　)　　(20) 自動 (　　　)　　(21) 動物 (　　　)

(22) 植木 (　　　)　　(23) 姓名 (　　　)　　(24) 軍歌 (　　　)

(25) 生花 (　　　)　　(26) 洞口 (　　　)　　(27) 車便 (　　　)

(28) 算數 (　　　)　　(29) 國民 (　　　)　　(30) 間食 (　　　)

(31) 電話 (　　　)　　(32) 工場 (　　　)

2. 다음 漢字의 훈(訓)과 음(音)을 쓰세요.(33~52)

> 보기
>
> # 父 → 아비 부

(33) 學 (　　　)　　(34) 年 (　　　)　　(35) 空 (　　　)

(36) 村 (   )   (37) 正 (   )   (38) 千 (   )

(39) 午 (   )   (40) 食 (   )   (41) 少 (   )

(42) 道 (   )   (43) 漢 (   )   (44) 氣 (   )

(45) 秋 (   )   (46) 南 (   )   (47) 直 (   )

(48) 歌 (   )   (49) 冬 (   )   (50) 邑 (   )

(51) 活 (   )   (52) 出 (   )

3. 다음 훈(訓)과 음(音)에 맞는 漢字를 [보기]에서 골라 그 번호를 쓰세요. (53~62)

> **보기**
> ① 便　② 夏　③ 長　④ 育　⑤ 春　⑥ 語
> ⑦ 紙　⑧ 休　⑨ 話　⑩ 弟　⑪ 然　⑫ 室

(53) 기를 육(   )   (54) 긴　장(   )   (55) 집 실(   )

(56) 편할 편(   )   (57) 말씀 화(   )   (58) 쉴 휴(   )

(59) 여름 하(   )   (60) 종이 지(   )   (61) 봄 춘(   )

(62) 그럴 연(   )

4. 다음 漢字語의 상대어 또는 반의어를 [보기]에서 골라 그 번호를 쓰세요. (63~64)

> **보기**
> ① 答　② 上　③ 下　④ 男

(63) 問 ― (   )   (64) 女 ― (   )

5. 다음 漢字語의 빈 칸에 맞는 漢字를 [보기]에서 골라 그 번호를 쓰세요. (65~65)

보기
① 月 ② 室 ③ 校 ④ 母

(65) 敎 (   ) : 수업에 쓰는 방   (66) 每 (   ) : 다달이, 매달

6. 다음 漢字語의 뜻을 쓰세요. (67~68)

(67) 登山 : (   )

(68) 手足 : (   )

7. 다음 문제는 사물의 모양을 본떠서 만든 글자의 설명입니다. 설명에 맞는 한자를 [보기]에서 골라 그 번호를 쓰세요.

보기
① 林 ② 川 ③ 車

(69) 수레의 모양을 본뜬 글자 : (   )

(70) 물줄기를 본 뜬 글자 : (   )

시험 전략
- 각 급수별로 시험 문항 수가 다르기 때문에 답안지 양식도 다릅니다.
- 실전에 임하는 마음으로 답안지에 옮겨 적는 연습을 해 보세요.
- 한글을 틀리게 적거나, 다른 번호에 답을 쓴 경우, 또는 정답 칸을 넘는 경우, 모두 오답처리됩니다.
- 연필을 제외한 검정 필기구를 사용해야 합니다. (수정액 사용 가능)

■ 사단 법인 한국어문회 · 한국한자능력검정회

수험번호 □□□□ - □□ - □□□□   성명 □□□□□

주민등록번호 □□□□□□ - □□□□□□□   ※유성 사인펜, 붉은색 필기구 사용 불가

※ 답안지는 컴퓨터로 처리되므로 구기거나 더럽히지 마시고, 정답 칸 안에만 쓰십시오.
   글씨가 채점란으로 들어오면 오답처리가 됩니다.

전국한자능력검정시험 7급 답안지

답안란		채점란		답안란		채점란		답안란		채점란	
번호	정답	1검	2검	번호	정답	1검	2검	번호	정답	1검	2검
1				25				49			
2				26				50			
3				27				51			
4				28				52			
5				29				53			
6				30				54			
7				31				55			
8				32				56			
9				33				57			
10				34				58			
11				35				59			
12				36				60			
13				37				61			
14				38				62			
15				39				63			
16				40				64			
17				41				65			
18				42				66			
19				43				67			
20				44				68			
21				45				69			
22				46				70			
23				47							
24				48							

감 독 위 원	채 점 위 원 (1)		채 점 위 원 (2)		채 점 위 원 (3)	
(서명)	(득점)	(서명)	(득점)	(서명)	(득점)	(서명)

8급 시험   시험 시간 : 50분 합격점 : 35점(50점만점)

국어 사랑 기초 초등 漢字 150字

1. 다음 글을 읽고 번호를 단 한자의 讀音(독음)을 쓰세요.(문제 1~15)

1) 一⁽¹⁾주일은 七⁽²⁾일입니다.

2) 해는 東⁽³⁾쪽에서 뜨고 西⁽⁴⁾쪽에서 집니다.

3) 할아버지는 日⁽⁵⁾요일마다 山⁽⁶⁾에 가십니다.

4) 五⁽⁷⁾월 五일은 어린이날입니다.

5) 엄마! 學校⁽⁸⁾ 다녀왔습니다!

6) 先生⁽⁹⁾님! 안녕하세요!

7) 父母⁽¹⁰⁾님을 따라 三寸⁽¹¹⁾댁에 다녀왔습니다.

8) 十月⁽¹²⁾1일은 國軍⁽¹³⁾의 날입니다.

9) "大韓民國!"⁽¹⁴⁾ 월드컵 응원을 했습니다.

10) 北韓⁽¹⁵⁾의 동포들도 응원을 했습니다.

(1) 一 (   )   (2) 七 (   )   (3) 東 (   )

(4) 西 (   )   (5) 日 (   )   (6) 山 (   )

(7) 五 (   )   (8) 學校 (   )   (9) 先生 (   )

(10) 父母 (   )   (11) 三寸 (   )   (12) 十月 (   )

(13) 國軍 (   )   (14) 大韓民國 (   )

(15) 北韓 (   )

2. 다음 한자의 訓(훈:뜻)과 音(음:소리)을 쓰세요.

> **보기**
>
> ## 室 → 집 실

(16) 女 (   )   (17) 南 (   )   (18) 學 (   )

(19) 長 (　　　　) (20) 王 (　　　　) (21) 八 (　　　　)

(22) 寸 (　　　　) (23) 敎 (　　　　) (24) 金 (　　　　)

(25) 外 (　　　　)

3. 다음에 알맞은 한자를 [보기] 에서 골라 그 번호를 쓰세요.

(26) 여섯 룩 (　　　) (27) 해 년 (　　　) (28) 일만 만 (　　　)

(29) 가운데 중 (　　　) (30) 작을 소 (　　　) (31) 아홉 구 (　　　)

(32) 흰 백 (　　　) (33) 푸를 청 (　　　) (34) 사내 남 (　　　)

(35) 하늘 천 (　　　)

4. 다음 한자들은 무슨 뜻이며 어떻게 읽을까요?
[보기] 에서 골라 그 번호를 답안지에 써 넣으세요.(문제 36~43)

(36) 父는 (　　　)라는 뜻입니다.

(37) 父는 (　　　)라고 읽습니다.

(38) 民은 (　　　)이라는 뜻입니다.

(39) 民은 (　　　　)이라고 읽습니다.

(40) 四는 (　　　　)을 나타내는 글자입니다.

(41) 四는 (　　　　)라고 읽습니다.

(42) 五는 (　　　　)을 니타내는 글자입니다.

(43) 五는 (　　　　)라고 읽습니다.

5. 다음 밑줄 친 낱말에 알맞은 한자를 [보기]에서 찾아 번호를 답안지에 쓰세요.

> **보기**　　①國　②韓　③兄　④弟

이번 축구 경기는 세계 여러 나라(44)에서 시청했습니다. 내 아우(45)도 붉은 옷을 입고 경기장에 갔습니다.

(44) (　　　　)　　　　　　　　　(45) (　　　　)

6. [보기]의 글자가 무엇을 본뜬 글자인지 설명에 맞는 한자를 보기에서 골라 그 번호를 답안지에 쓰세요.

> **보기**　　①山　②水　③二　④人　⑤木　⑥門

(46) 문의 모양을 본뜬 글자('문' 을 뜻함)　　(　　　　)

(47) 사람의 모양을 본뜬 글자('사람' 을뜻함)　　(　　　　)

(48) 물 흐르는 모양을 본뜬 글자('물' 을 뜻함)　　(　　　　)

(49) 나무의 모양을 본뜬 글자('나무' 를 뜻함)　　(　　　　)

(50) 두 개의 수를 나타낸 글자('둘' 을 뜻함)　　(　　　　)

■ 사단 법인 한국어문회 · 한국한자능력검정회

수험번호 □□□□ - □□ - □□□□　　　　성명 □□□□□
주민등록번호 □□□□□□ - □□□□□□□　※유성 사인펜, 붉은색 필기구 사용 불가

※ 답안지는 컴퓨터로 처리되므로 구기거나 더럽히지 마시고, 정답 칸 안에만 쓰십시오.
　글씨가 채점란으로 들어오면 오답처리가 됩니다.

전국한자능력검정시험 8급 답안지

답안란		채점란		답안란		채점란		답안란		채점란	
번호	정답	1검	2검	번호	정답	1검	2검	번호	정답	1검	2검
1				18				35			
2				19				36			
3				20				37			
4				21				38			
5				22				39			
6				23				40			
7				24				41			
8				25				42			
9				26				43			
10				27				44			
11				28				45			
12				29				46			
13				30				47			
14				31				48			
15				32				49			
16				33				50			
17				34							

감 독 위 원	채 점 위 원 (1)		채 점 위 원 (2)		채 점 위 원 (3)	
(서명)	(득점)	(서명)	(득점)	(서명)	(득점)	(서명)

정답

7급

(1) 시장	(2) 가수	(3) 중대	(4) 남해	(5) 농부
(6) 한강	(7) 등교	(8) 학생	(9) 국가	(10) 백기
(11) 전력	(12) 동리	(13) 청색	(14) 초목	(15) 일기
(16) 북한	(17) 문교	(18) 백만	(19) 주소	(20) 자동
(21) 동물	(22) 식목	(23) 성명	(24) 군가	(25) 생화
(26) 동구	(27) 차편	(28) 산수	(29) 국민	(30) 간식
(31) 전화	(32) 공장	(33) 배울 학	(34) 해 년	(35) 빌 공
(36) 마을 촌	(37) 바를 정	(38) 일천 천	(39) 낮 오	(40) 먹을 식
(41) 적을 소	(42) 길 도	(43) 한나라 한	(44) 기운 기	(45) 가을 추
(46) 남녘 남	(47) 곧을 직	(48) 노래 가	(49) 겨울 동	(50) 고을 읍
(51) 살 활	(52) 날 출	(53) ④	(54) ③	(55) ⑫
(56) ①	(57) ⑨	(58) ⑧	(59) ②	(60) ⑦
(61) ⑤	(62) ⑪	(63) ①	(64) ④	(65) ②
(66) ①	(67) 산에 오르다.	(68) 손과 발	(69) ③	(70) ②

8급

(1) 일	(2) 칠	(3) 동	(4) 서	(5) 일
(6) 산	(7) 오	(8) 학교	(9) 선생	(10) 부모
(11) 삼촌	(12) 시월	(13) 국군	(14) 대한민국	(15) 북한
(16) 계집 녀	(17) 남녘 남	(18) 배울 학	(19) 긴 장	(20) 임금 왕
(21) 여덟 팔	(22) 마디 촌	(23) 가르칠 교	(24) 쇠 금	(25) 바깥 외
(26) ⑧	(27) ⑤	(28) ①	(29) ③	(30) ⑥
(31) ⑨	(32) ②	(33) ④	(34) ⑦	(35) ⑩
(36) ④	(37) ①	(38) ③	(39) ⑥	(40) ⑩
(41) ⑫	(42) ⑨	(43) ⑪	(44) ①	(45) ④
(46) ⑥	(47) ④	(48) ②	(49) ⑤	(50) ③

※ 본 문제는 수험자의 의견을 토대로 정리한 것이므로 실제 출제 문제와 차이가 있을 수 있습니다.

1. 다음 漢字語한자어의 讀音독음을 쓰시오.(1~32)

> 보기
>
> 漢字 → 한자

(1) 農民 (　　　) 　 (2) 主上 (　　　) 　 (3) 地方 (　　　)

(4) 春秋 (　　　) 　 (5) 軍人 (　　　) 　 (6) 時間 (　　　)

(7) 下年 (　　　) 　 (8) 休學 (　　　) 　 (9) 東海 (　　　)

(10) 小心 (　　　) 　 (11) 自然 (　　　) 　 (12) 南山 (　　　)

(13) 左右 (　　　) 　 (14) 算數 (　　　) 　 (15) 大同 (　　　)

(16) 氣力 (　　　) 　 (17) 六寸 (　　　) 　 (18) 先生 (　　　)

(19) 母子 (　　　) 　 (20) 問答 (　　　) 　 (21) 不平 (　　　)

(22) 道立 (　　　) 　 (23) 食口 (　　　) 　 (24) 工事 (　　　)

(25) 萬物 (　　　) 　 (26) 歌手 (　　　) 　 (27) 十年 (　　　)

(28) 外來 (　　　) 　 (29) 便所 (　　　) 　 (30) 七十 (　　　)

(31) 父王 (　　　) 　 (32) 洞里 (　　　)

2. 다음 漢字한자의 訓(훈;뜻)과 音(음;소리)을 쓰세요. (33~51)

> 보기
>
> 字 → 글자 자

(33) 中 (　　　) 　 (34) 記 (　　　) 　 (35) 林 (　　　)

(36) 弟 (　　　) 　 (37) 足 (　　　) 　 (38) 草 (　　　)

(39) 月 (   )   (40) 白 (   )   (41) 少 (   )

(42) 有 (   )   (43) 住 (   )   (44) 市 (   )

(45) 紙 (   )   (46) 冬 (   )   (47) 重 (   )

(48) 育 (   )   (49) 夏 (   )   (50) 土 (   )

(51) 夫 (   )

3. 다음 漢字語한자어의 뜻을 우리말로 쓰세요.(52~53)

(52) 植木日: (   )

(53) 家長: (   )

4. 다음 訓훈과 音음에 맞는 漢字한자를 〈보기〉에서 골라 그 번호를 쓰세요.(54~63)

보기

①村　②空　③四　④靑　⑤面
⑥命　⑦車　⑧世　⑨川　⑩天

(54) 푸를 청 (   )   (55) 목숨 명 (   )   (56) 넉　사 (   )

(57) 낯　면 (   )   (58) 빌　공 (   )   (59) 수레 거 (   )

(60) 마을 촌 (   )   (61) 하늘 천 (   )   (62) 내　천 (   )

(63) 인간 세 (   )

5. 다음 漢字한자의 상대 또는 반대되는 漢字한자를 〈보기〉에서 골라 그 번호를 쓰세요.

(64) 火 – (   )   (65) 前 – (   )   (66) 出 – (   )

6. 다음 문장에서 밑줄 친 단어의 漢字한자를 〈보기〉에서 골라 그 번호를 쓰세요.(67~68)

(67) 우리 모두 정직한 학생이 됩시다.   (   )

(68) 우리 교실은 정리정돈이 잘 되어 있습니다.   (   )

7. 다음 문장에서 밑줄 친 단어와 같은 뜻을 지닌 漢字한자를 〈보기〉에서 골라 그 번호를 쓰세요.(69~70)

(69) 아름다운 꽃이 많이 피었습니다.   (   )

(70) 순희의 얼굴빛이 곱습니다.   (   )

※ 본 문제는 수험자의 의견을 토대로 정리한 것이므로 실제 출제 문제와 차이가 있을 수 있습니다.

1. 다음 글을 읽고 밑줄 친 漢字語한자어나 漢字한자의 讀音독음을 쓰시오.(1~18)

> 보기
>
> 漢字 → 한자

* 六[1] 月[2]에 끝난 월드컵 축구대회에서 大[3] 韓[4] 民[5] 國[6]이 四[7]위를 하였습니다.
* 부山[8]에서 東[9] 西[10] 南[11] 北[12]의 아시아 사람들이 모여 아시안 게임을 열었습니다.
* 八[13]월 十[14] 五[15] 日[16] 추석날에 父[17] 母[18]님과 차례를 지냈습니다.

(1) 六 (　　　　) 　(2) 月 (　　　　) 　(3) 大 (　　　　)

(4) 韓 (　　　　) 　(5) 民 (　　　　) 　(6) 國 (　　　　)

(7) 四 (　　　　) 　(8) 山 (　　　　) 　(9) 東 (　　　　)

(10) 西 (　　　　) 　(11) 南 (　　　　) 　(12) 北 (　　　　)

(13) 八 (　　　　) 　(14) 十 (　　　　) 　(15) 五 (　　　　)

(16) 日 (　　　　) 　(17) 父 (　　　　) 　(18) 母 (　　　　)

2. 다음 漢字한자의 訓(훈;뜻)과 音(음;소리)을 쓰세요.(19~25)

> 보기
>
> 音 → 소리 음

(19) 先 (　　　　) 　(20) 軍 (　　　　) 　(21) 木 (　　　　)

(22) 弟 (　　　　) 　(23) 火 (　　　　) 　(24) 小 (　　　　)

(25) 長 (　　　　)

3. 다음에 알맞은 漢字_{한자}를 〈보기〉에서 골라 그 번호를 쓰세요.(26~35)

(26) 집 실 (　　) 　　(27) 쇠 금 (　　) 　　(28) 사람 인 (　　)

(29) 문 문 (　　) 　　(30) 일곱 칠 (　　) 　　(31) 임금 왕 (　　)

(32) 날 생 (　　) 　　(33) 아홉 구 (　　) 　　(34) 물 수 (　　)

(35) 해 년 (　　)

4. 다음 밑줄 친 낱말 뜻에 알맞은 漢字_{한자}를 〈보기〉에서 찾아 그 번호를 쓰세요.(36~40)

　혜미는 여자(36) 어린이입니다. 동생이 하나(37) 있습니다. 태현인 남자 어린이입니다. 형(38)이 둘(39)입니다. 혜미와 태현인 같은 학교(40)에 다니는데 사이 좋은 친구입니다.

(36) 여자 (　　　) 　　(37) 하나 (　　　) 　　(38) 형 (　　　)

(39) 둘 (　　　) 　　(40) 학교 (　　　)

5. 아래 글의 밑줄 친 글자에 맞는 漢字한자를 〈보기〉에서 골라 그 번호를 쓰세요. (41~45)

보기

①土　②南　③寸　④白　⑤學
⑥靑　⑦室　⑧生　⑨敎　⑩山

(41) 기태는 <u>학</u>교로 갑니다.　(　　　)

(42) 오늘은 <u>토</u>요일입니다.　(　　　)

(43) <u>청</u>군과 백군이 달리기를 합니다.　(　　　)

(44) 사<u>촌</u> 동생과 놀았습니다.　(　　　)

(45) <u>교</u>무실로 선생님을 따라갔습니다.　(　　　)

6. 다음 글자들은 무슨 뜻이며 어떤 소리(음)로 읽을까요. 〈보기〉에서 골라 그 번호를 써 넣으세요.(46~50)

보기

① 셋　　②외　　③흰색　　④백
⑤가운데　⑥만　　⑦모　　⑧밖

(46) 中은 (　　　)라는 뜻입니다.

(47) 三은 (　　　)이라는 뜻입니다.

(48) 萬은 (　　　)이라고 읽습니다.

(49) 外는 (　　　)라고 읽습니다.

(50) 白은 (　　　)을 나타냅니다.

7급

(1) 농민	(2) 주상	(3) 지방	(4) 춘추	(5) 군인
(6) 시간	(7) 하년	(8) 휴학	(9) 동해	(10) 소심
(11) 자연	(12) 남산	(13) 좌우	(14) 산수	(15) 대동
(16) 기력	(17) 육촌	(18) 선생	(19) 모자	(20) 문답
(21) 불평	(22) 도립	(23) 식구	(24) 공사	(25) 만물
(26) 가수	(27) 십년	(28) 외래	(29) 변소	(30) 칠십
(31) 부왕	(32) 동리	(33) 가운데 중	(34) 기록할 기	(35) 수풀 림
(36) 아우 제	(37) 발 족	(38) 풀 초	(39) 달 월	(40) 흰 백
(41) 적을,젊을 소	(42) 있을 유	(43) 살 주	(44) 저자 시	(45) 종이 지
(46) 겨울 동	(47) 무거울 중	(48) 기를 육	(49) 여름 하	(50) 흙 토
(51) 지아비 부	(52) 나무 심는 날	(53) 집안의 어른	(54) ④	(55) ⑥
(56) ③	(57) ⑤	(58) ②	(59) ⑦	(60) ①
(61) ⑩	(62) ⑨	(63) ⑧	(64) ③	(65) ⑤
(66) ①	(67) ②	(68) ④	(69) ③	(70) ②

8급

(1) 육	(2) 월	(3) 대	(4) 한	(5) 민
(6) 국	(7) 사	(8) 산	(9) 동	(10) 서
(11) 남	(12) 북	(13) 팔	(14) 십	(15) 오
(16) 일	(17) 부	(18) 모	(19) 먼저 선	(20) 군사 군
(21) 나무 목	(22) 아우 제	(23) 불 화	(24) 작을 소	(25) 긴 장
(26) ⑦	(27) ②	(28) ⑤	(29) ⑥	(30) ⑩
(31) ③	(32) ④	(33) ①	(34) ⑧	(35) ⑨
(36) ⑤	(37) ⑥	(38) ②	(39) ④	(40) ①
(41) ⑤	(42) ①	(43) ⑥	(44) ③	(45) ⑨
(46) ⑤	(47) ①	(48) ⑥	(49) ②	(50) ③

메모

家	歌	間	江	車
工	空	校	敎	九
口	國	軍	金	氣
記	旗	南	男	內
女	年	農	答	大
道	同	冬	東	洞
動	登	來	力	老
六	里	林	立	萬
每	面	名	命	母
木	門	文	問	物
民	方	白	百	父
夫	北	不	四	事
山	算	三	上	色
生	西	夕	先	姓
世	小	少	所	水
手	數	市	時	食
植	室	心	十	安
語	然	五	午	王
外	右	月	有	育
邑	二	人	一	日
入	自	子	字	長
場	電	全	前	正
弟	祖	足	左	主
住	中	重	紙	地
直	川	千	天	靑
草	寸	村	秋	春
出	七	土	八	便
平	下	夏	學	韓
漢	海	兄	花	火
話	活	孝	後	休

메모

뜻	한자	뜻	한자	뜻	한자	뜻	한자	뜻	한자
집	家	노래	歌	사이	間	강	江	수레	車
장인	工	빌	空	학교	校	가르칠	敎	아홉	九
입	口	나라	國	군사	軍	쇠	金	기운	氣
기록할	記	기	旗	남녘	南	사내	男	안	內
계집	女	해	年	농사	農	대답	答	큰	大
길	道	한가지	同	겨울	冬	동녘	東	골	洞
움직일	動	오를	登	올	來	힘	力	늙을	老
여섯	六	마을	里	수풀	林	설	立	일만	萬
매양	每	낯	面	이름	名	목숨	命	어미	母
나무	木	문	門	글월	文	물을	問	물건	物
백성	民	모	方	흰	白	일백	百	아비	父
지아비	夫	북녘	北	아닐	不	넉	四	일	事
메	山	셈	算	석	三	위	上	빛	色
날	生	서녘	西	저녁	夕	먼저	先	성	姓
인간	世	작을	小	적을	少	바	所	물	水
손	手	셈	數	저자	市	때	時	밥	食
심을	植	집	室	마음	心	열	十	편안	安
말씀	語	그럴	然	다섯	五	낮	午	임금	王
바깥	外	오른	右	달	月	있을	有	기를	育
고을	邑	두	二	사람	人	한	一	날	日
들	入	스스로	自	아들	子	글자	字	긴	長
마당	場	번개	電	온전	全	앞	前	바를	正
아우	弟	할아비	祖	발	足	왼	左	주인	主
살	住	가운데	中	무거울	重	종이	紙	땅	地
곧을	直	내	川	일천	千	하늘	天	푸를	靑
풀	草	마디	寸	마을	村	가을	秋	봄	春
날	出	일곱	七	흙	土	여덟	八	편할	便
평평할	平	아래	下	여름	夏	배울	學	한국	韓
한나라	漢	바다	海	효도	孝	꽃	花	불	火
말씀	話	살	活			뒤	後	쉴	休

최신판

초등한자 150字 7 · 8급 대상한자

정가 : 7,000원

| 검 |
| 인 |

지은이 : 한국두뇌개발한자교육원　　2003. 1. 30　초판1쇄발행
펴낸이 : 이 종 춘　　　　　　　　　2003. 3. 14　초판2쇄발행

펴낸곳 : 성안당.com

주　소 : 서울시 마포구 서교동 353-4
전　화 : (02)844-0511
팩　스 : (02)844-8177
등　록 : 1973.2.1 제13-12호

ⓒ 2003 성안당.com

ISBN 89-315-7123-2

※ 파본은 구입 서점에서 교환해 드립니다.

| 물류 및
영업본부 | 전 화 : (02) 844-0511(대)
팩 스 : (02) 844-8177 | (031) 903-3380(대)
(031) 901-8177(대) |

독자 상담 서비스 : 080-544-0511　　　홈페이지 : **www.cyber.co.kr**